Mord in jedem Ausmaß

Owen Johnson

Writat

Diese Ausgabe erschien im Jahr 2024

ISBN: 9789359945248

Herausgegeben von
Writat
E-Mail: info@writat.com

Inhalt

Ich .... - 1 -

II .... - 8 -

III .... - 27 -

HUNDERT IM DUNKEL .... - 29 -

EINE KOMÖDIE FÜR EHEFRAUEN .... - 47 -

DIE LÜGE
I .... - 78 -

II .... - 88 -

III .... - 91 -

IV .... - 93 -

AUCH DREI
I .... - 95 -

II .... - 99 -

III .... - 117 -

EIN MANN OHNE VORSTELLUNGSKEINE
I .... - 119 -

II .... - 125 -

III .... - 127 -

IV .... - 131 -

V .... - 133 -

VI .... - 135 -

VII .... - 138 -

LARRY MOORE I .... - 143 -

II .... - 147 -

III .... - 148 -

IV ....- 153 -

HOCHZEITSGESCHENKE MEINER FRAU
I ....- 156 -

II ....- 158 -

III ....- 162 -

IV ....- 164 -

DIE ÜBERRASCHUNGEN DER LOTTERIE
I ....- 171 -

II ....- 174 -

III ....- 177 -

IV ....- 181 -

ICH

An einem Sonntag im März saßen sie im Club fest, der Maler Steingall und der Illustrator Quinny, und nachdem sie spät zu Mittag gegessen hatten, langweilten sie sich getrennt voneinander bis zum Gehtnichtmehr mit Zeitschriften, bis sie, weil sie es vorzogen, sich gegenseitig zu langweilen, gemeinsam in bequemen Sesseln vor dem großen Renaissance-Kamin saßen.

Steingall , in seinen Kragen versunken, beobachtete hinter der schwarzumrandeten Brille, die mit ihrem schwarzen Band seinem kurzgeschnittenen Bart und dem Oberstschnurrbart einen Hauch kontinentaler Eleganz verlieh, ohne Begeisterung die drei riesigen Holzscheite, aus denen gelegentlich kleine Flammen eine Illusion von Wärme erzeugten.

Quinny, hager wie ein militanter Mönch des Mittelalters, war sich Steingalls beschützender Träumerei bewusst, sprach in unregelmäßigen Abständen, ging auf seine eigenen Fragen ein und lieferte die Antworten, wobei er seine Epigramme einem größeren Publikum vorbehielt.

Um drei Uhr kam De Gollyer von einer großen gesellschaftlichen Darbietung herein, zog zum Gruß die Augenbrauen hoch, während andere ihre Hüte zogen, und zog ein Bein leicht hinter sich her. Er war ein amerikanischer Kritiker, der sich eifrig damit beschäftigte, die Talente verkannter Genies der europäischen Provinzen zu entdecken. Wenn man ihm seine Wanderbegeisterung vorwarf, antwortete er mit dem schnellen, sich versteifenden militärischen Klicken, mit dem er seine *Bonmots immer vorbrachte* :

„Mein Junge, ich kritisiere niemals amerikanische Kunst. Das kann ich mir nicht leisten. Ich habe zu viele charmante Freunde."

Um vier Uhr, die Stunde für den Eintritt derjenigen, die aus ihren Häusern fliehen, um sich in den Zufluchtsort des Clubs zu stürzen, traf Rankin, der Architekt, mit Stibo ein , dem modischen Maler modischer Frauen, der ihn mitgebracht hatte die Atmosphäre angenehmer Seife und einer exklusiven, lächelnden Trägheit. Einen Moment später hörte man aus dem Vorraum eine Stimme, die sagte:

„Wenn jemand anruft, bin ich nicht im Club – überhaupt niemand . Hörst du?"

Dann erschien Towsey, der Dekorateur, in Gamaschen, militanten Karos, hohem Kragen und einer Halsbandkrawatte an den Briefkästen, was ihm, sehnsüchtig nach seinen Ohren, das Aussehen von jemandem verlieh, der zum dritten und letzten Mal aus seinen Kleidern herausgestolpert war . Er trat vor, blickte die Gruppe stirnrunzelnd an, runzelte die Stirn angesichts der negativen Ablenkungen des Lesesaals und zog sich schließlich zu seinem Stuhl hin, genau in dem Moment, als Quinny sagte:

„Merkwürdige Sache – ist es dir schon mal aufgefallen? – Zwei Künstler setzen sich zusammen, jeder fängt an, darüber zu reden, was er tut – natürlich, um dem anderen keine Komplimente zu machen. Sobald der Dritte kommt, beginnen sie, einen anderen aufzuteilen; das Einzige, worüber sie sich einigen können: Sehen Sie? Sobald Sie vier oder mehr dieser Arten zusammenbringen, kommt es immer wieder auf die Heirat an, nicht wahr?“

„Mein lieber Freund“, sagte De Gollyer aus der intoleranten Sicht eines Junggesellen, „das liegt daran, dass die Ehe Ihr einziges gemeinsames Leiden ist. Künstler, Musiker, alle niederen Schichten des Intellekts, heiraten. Sie müssen. Sie können.“ Es ist das Einzige, dem Sie nicht widerstehen können, wenn Sie arm sind, um die Kosten für einen Diener zu sparen, und Sie machen damit weiter, wenn es Ihnen gelingt, jemanden zu haben , der Sie zum Arbeiten bringt. Sie gehören psychologisch zu den intellektuell abhängigen Klassen, der Cling-Vine-Familie, den männlichen Parasiten, und da Sie nicht anders können, als verheiratet zu sein, verurteilen Sie es immer und machen es für all Ihre Fehler verantwortlich.

Bei dieser charakteristischen Rede bewegten sich die fünf Künstler leicht und blickten De Gollyer über ihre Schnurrbärte hinweg mit anhaltendem Appetit an, so wie eine Gruppe Terrier die Familienkatze respektiert.

„Meine lieben Leute, wenn ich als Kritiker spreche“, fuhr De Gollyer fort und war sich der Feindseligkeit, die er entfacht hatte, wohltuend bewusst, „Ihr bleibt Kinder, die Angst vor der Dunkelheit haben – Angst vor dem Alleinsein. Die Einsamkeit macht euch Angst. Es mangelt euch an der Qualität der Selbstgenügsamkeit.“ Das ist das Merkmal der höheren kritischen Fähigkeiten. Man heiratet, weil man eine Krankenschwester braucht.

Er hielt inne, völlig zufrieden mit der Aussicht, einen Streit angezettelt zu haben, hob Daumen und Zeigefinger in einer vorsichtigen Schleife, bestellte einen Schuss Sherry und zwinkerte quer durch die Gruppe zu Tommers , der vom Lesesaal aus seiner Arbeit zuhörte.

„De Gollyer , Sie sind nur ein ,Who is Who‘ der Kunst“, sagte Quinny, allerdings mit hungriger Dankbarkeit für ein Thema mit solchen Möglichkeiten. „Sie verstehen nichts von Psychologie. Ein Künstler ist eine multiple Persönlichkeit; mit jedem Bild, das er malt, sucht er nach einer neuen Inspiration. Was ist Inspiration?“

„Ah, darum geht es – Inspiration“, sagte Steingall , als er aufwachte.

„Inspiration“, sagte Quinny und vertrieb Steingall mit der Geste, eine Fliege wegzuwischen, aus seinem Revier – „Inspiration ist nur eine Form der Hypnose, unter deren Bann ein Mann in der Lage ist, sich wie ein Pferd über sich selbst hinauszuentwickeln.“ , unter außergewöhnlichem Stress, übt eine Muskelkraft aus, die weit über seine anerkannte Kraft hinausgeht. Die Rasse der kleinen und großen Genies ist ständig auf der Suche nach dieser äußeren Kraft, um sie zu einer höchsten intellektuellen Anstrengung zu hypnotisieren , unveränderlich, Tag für Tag, was Sie Inspiration nennen, kann auf viele Arten kommuniziert werden – durch das Schauspiel einer Menschenmenge, durch ein Panorama der Natur, durch plötzliche und heftige Kontraste der Standpunkte; Es kommt vor allem als ständiger Reiz aus dem Zustand des Geisteswahnsinns, der durch die Liebe hervorgerufen wird.“

„Hä?“, sagte Stibo .

„Alles, was eine geistige Besessenheit, *eine fixe Idee hervorruft* , ist eine Form des Wahnsinns“, sagte Quinny rasch. „Ein verliebter Mensch sieht nur ein Gesicht, hört nur eine Stimme; im Innersten des Gehirns trommelt ständig nur ein Gedanke. Körperlich ist ein solcher Zustand ein Narkotikum; geistig ist es eine Form des Wahnsinns, die im wohltuenden Zustand eine starke hypnotische Wirkung hat.“

Bei dieser geschickten Entwirrung einer komplizierten Idee blickte Rankin, der wie ein professioneller Geschworener bei jedem Redner zustimmend den Kopf schüttelte und sich auch von den Heftigsten überzeugen ließ, Quinny mit absoluter Bewunderung an.

„Wir haben von Frauen gesprochen“, sagte Towsey schroff und sprach das Geschlecht mit einem eigenartigen Stakkato-Laut aus.

„Diese kleine ABC-Einführung“, sagte Quinny freundlich, „ist notwendig, um die Beziehung zu verstehen, die eine Frau zum Künstler hat. Es ist nicht die Frau, die er sucht, sondern der hypnotische Einfluss, den die Frau auf seine Fähigkeiten ausüben kann, wenn sie dazu in der Lage ist.“ Ihn mit Leidenschaft zu begeistern.“

„Genau deshalb heiratet er“, sagte De Gollyer .

„Genau“, sagte Quinny, der, nachdem er das Argument zufällig aufgegriffen hatte, angenehm überrascht war, dass er sich selbst überzeugen würde. „Aber hier liegt der große Unterschied: Um eine Inspiration zu sein, sollte eine Frau für den Künstler immer eine Form des Unerreichbaren darstellen. Es ist die Suche nach etwas, das über ihn hinausgeht, das ihn dazu bringt, die Sterne herauszufordern, und all diese Art von Fäulnis, dich.“ wissen.“

„Die Tragödie des Lebens“, sagte Rankin sentimental, „besteht darin, dass eine Frau einem Mann nicht immer alles bedeuten kann.“

Es war ein Satz, den er am Abend zuvor gehört hatte und den er lässig und spontan von sich gab, während er den alten spanischen Ring an seinen knochigen, weißen Fingern drehte, die er stets vor seine lange, gleitende Nase hielt.

„Danke, das habe ich über das Jahr 1907 gesagt", sagte Quinny, während Steingall nach Luft schnappte und Towsey anstieß. „Das ist die Tragödie des Lebens, nicht die Tragödie der Kunst, zwei sehr unterschiedliche Dinge. Ein Künstler braucht zehn, fünfzehn, zwanzig Frauen, je nach der Vielfalt seiner Ideen. Er sollte immer heftig verliebt sein oder heftig reagieren." "

„Und die Frau?" sagte De Gollyer . „Hat sie irgendeinen Einfluss?"

„Mein lieber Freund, der Größte. Ohne eine Frau verfällt ein Künstler der Inspiration des Augenblicks – ist dazu verdammt; und da er kein Analytiker ist, bildet er sich am Ende ein, er sei wirklich verliebt. Nehmen wir die Porträtmalerei Die bezaubernde Dame sitzt zum Porträtieren, der Maler greift zu seinen Pinseln, ordnet seine Palette, sucht nach Inspiration – was ist unter der Oberfläche? Er versucht, die Seele zu erkennen, die er sucht Wie? Je mehr er sich verliebt vorstellt, desto mehr wird er von der Idee besessen – klar wie die Nase auf deinem Gesicht Gattin."

„Charmant", sagte Stibo , der nicht aufgehört hatte, seinen Schnurrbart zwischen seinen rosafarbenen Fingern zu drehen.

„Ah, das ist der Punkt. Was ist mit der Frau?" sagte Steingall heftig.

„Die Frau – wohlgemerkt die ideale Ehefrau – ist dann die Waffe, die Zuflucht. Um der Verstrickung seiner momentanen Inspiration zu entkommen, wird der Künstler zum Mann: meine Frau und *Bonjour*. Er kehrt nach Hause zurück und nimmt seinen Staubmantel ab." Illusion, reinigt die Palette alter Erinnerungen, wäscht seine Gelübde, Proteste und all diese Fäulnis weg, legt sich auf das Sofa und gibt seiner Frau den Kopf, damit er sie reibt. Die Komödie ist vorbei.

„Aber das verstehen sie nicht", sagte Steingall begeistert. „Das werden sie *nie* verstehen."

„Solche Wunder gibt es?" sagte Towsey mit einem kurzen, unangenehmen Lachen.

"Ich kenne die Frau eines Künstlers", sagte Quinny, "die ich für die bemerkenswerteste Frau halte, die ich kenne – sie sitzt da, strickt und lächelt. Sie ist eine, die versteht. Ihr Mann vergöttert sie, und er ist jeden Monat in eine Frau verliebt. Wenn er zu tief in die Sache versunken ist und eine neue Inspiration braucht, ruft sie ihre alte Liebe am Telefon an und bittet sie, ihren Mann nicht mehr so zu nerven."

„Wunderbar!", sagte Steingall und ließ seine Brille fallen.

„Nein, wirklich?", sagte Rankin.

„Hat sie eine Schwester?", sagte Towsey.

Stibo hob langsam den Blick zu Quinny, doch so verschleiert der Blick auch war, De Gollyer bemerkte ihn und trug die Kenntnis lächelnd in das Hauptbuch seiner gesellschaftlichen Geheimnisse ein.

„Das ist es, bei George! Das ist es", sagte Steingall , der seinem Pessimismus die Begeisterung eines Reformators beibrachte. „Es ist alles so einfach; aber sie werden es nicht verstehen. Und warum – wissen Sie warum? Weil eine Frau eifersüchtig ist. Es liegt nicht nur an anderen Frauen. Nein, nein, das ist es nicht; es ist schlimmer als das, zehn." Tausendmal schlimmer. *Das* ist es! Sie ist eifersüchtig, weil sie es nicht verstehen kann, weil sie es nicht *teilen kann* . Keine Freiheit, kein Individualismus, keine Abgeschiedenheit, man muss sich jede Nacht für seine Taten, für seine Gedanken, für die Dinge, von denen man träumt, Rechenschaft ablegen – ach, die Träume. Die Chinesen haben recht, die Japaner haben alle Recht . Es ist nur das Kreative, das zählt . Die Frau sollte unterdrückt werden, die Wollust des Gehorsams sollte uns beigebracht werden was es ist."

Bei den vertrauten Worten von Steingalls Ausbruch schüttelte Rankin in eindeutiger Zustimmung den Kopf, Stibo lächelte, um seine schönen oberen Zähne zu zeigen, und Towsey warf seine Zigarre weg und sagte:

„Worte, Worte."

der Steingalls Argumentation verdaut hatte , sich darauf vorbereitete, das ganze Thema zu verschlingen, gesellte sich Britt Herkimer, die Bildhauerin, zu ihnen. Er war gerade zu Gast aus Paris, wo er seit zwanzig Jahren ansässig war, einer der fünf Männer in der Kunst, die man an den Fingern abzählte, wenn das Wort „Genie" ausgesprochen wurde. Geistig und körperlich war er Deutscher und sprach Englisch mit französischem Akzent. Sein Haar war kurz geschnitten , *und* in seinem braunen japanischen Gesicht waren nur die stakkatoartigen, verstohlenen und von Neugier betrunkenen Augen zu sehen. Er war direkt, eigensinnig, voller Energie, einer jener unermüdlichen Arbeiter, die ihre Jugend verachten und sie als Krankheit betrachten. Sein Eintritt in die Gruppe seiner eher sozial domestizierten Mitbrüder war wie die Rückkehr eines Wolfshundes unter die Haushunde.

„Immer noch Idole zerschlagen?" sagte er und klopfte Steingall , mit dem er und Quinny seine Studienzeit verbracht hatten, auf die Schulter : „Na, was ist los?"

„Meine liebe Britt, wir reformieren das Eherecht. Steingall ist für die Einfuhr mongolischer Frauen", sagte De Gollyer , der zwei positive Artikel über

Herkimer geschrieben hatte, „während Quinny sich für die Gründung einer Schule für Frauen in äußerst neuartigen und interessanten Bereichen einsetzt." "

„Das ist seltsam", sagte Herkimer mit einem leichten Stirnrunzeln.

„Im Gegenteil, nein", sagte De Gollyer ; „Wir schaffen die Ehe von vier bis sechs Jahren immer ab."

„Du hast mich nicht verstanden", sagte Herkimer mit der Schärfe, die er in seinen Unterrichtsstunden anwandte.

An seinem Ton erkannte die Gruppe, dass die Gefahren für ihn zu einem plötzlichen Zufall geführt hatten. Sie warteten mit unfreiwilligem Schweigen, was an sich schon eine seltene Hommage war.

„Erinnerst du dich an Rantoul?" sagte Herkimer, drehte sich eine Zigarette und benutzte eine ruckartige Diktion.

„Clyde Rantoul?" sagte Stibo .

„Don Furioso Barebones Rantoul, wer war mit uns im Viertel?" sagte Quinny.

„Don Furioso, ja", sagte Rankin. „Hast du ihn jemals gesehen?"

"Niemals."

„Er ist verheiratet", sagte Quinny; "herausgefallen."

„Ja, er hat geheiratet", sagte Herkimer und zündete sich seine Zigarette an. „Nun, ich habe ihn gerade gesehen."

„Er ist ein Plutokrat oder so etwas", sagte Towsey nachdenklich.

„Er ist reich – erledigt", sagte Steingall und schlug auf den Tisch. „Bei Gott! Jetzt fällt es mir wieder ein."

„Warte", mischte sich Quinny ein.

From his tone the group perceived that the hazards had brought to him some abrupt coincidences

„Ich war gestern bei ihm – bin gerade zurückgekommen", sagte Herkimer. „Rantoul war der größte Mann von uns allen. Es ist eine lustige Geschichte. Sie sprechen über die Ehe; hier ist sie."

II

In den frühen neunziger Jahren, als Quinny, Steingall , Herkimer, der kleine Bennett - der später nach Transvaal zog und sich der Fremdenlegion anschloss -, Jacobus und Chatterton, die Architekten, diese schöne, rebellische Phase anmaßender Jugend durchlebten, war Rantoul der unangefochtene Anführer, der Erzrebell und Meisterzerstörer der Gruppe.

Jeden Nachmittag um fünf bahnte sich seine gigantische Gestalt einen Weg durch die Menschenmassen auf dem Boulevard, während ein Omnibus auf seinem Weg die zerbrechlichen Fiaker auseinanderfegte. Elektrizität ausstrahlend, mit Tiraden auf der Zunge, erreichte er seinen Stuhl unter den Tischklopfern des Café des Lilacs, und seine ersten Worte klangen wie die Fanfare von Trompeten. Er war in der treffenden Sprache des Viertels Don Furioso Barebones Rantoul getauft worden, und das aus gutem Grund. Er teilte sich mit seinem Kumpel Britt Herkimer eine Dachkammer in der Rue de l'Ombre , eine Art von Gullydeckel , der von den Sternen erhellt wurde – wenn überhaupt welche da waren – und er kam immer mit einem Lied auf den Lippen die sechs wackeligen Treppen hinaufgesprungen.

Eine alte Frau, die einen Obstladen betrieb, schenkte ihm blindes Vertrauen; eine wesentlich jüngere Frau aus der Molkerei an der Ecke vertraute ihm Eier und frische Milch an, beugte sich über den Ladentisch zu ihm und lachte ihm in die Augen, als er ausrief:

„Ma Belle , wenn ich berühmt bin, kaufe ich dir ein Seidenkleid und ein Paar Ohrringe, die dir bis zu den Schultern reichen, und es wird nicht lange dauern. Du wirst schon sehen."

Er liebte es, arm zu sein. Als seine Leinwand den Geist aufgab, bemalte er seine Knöchel, um die gewalttätigen Schöpfungen zu karikieren, die Chattertons ganzer Stolz waren, der ein Nabob war. Als sein Kredit in einem Restaurant abgelaufen war, ging er selbstbewusst auf einen anderen Besitzer zu und verkündete mit der Miene eines Menschen, der einen Gefallen tut:

„Ich bin Rantoul, der Porträtmaler. In fünf Jahren werden meine Porträts für fünftausend Francs verkauft, in zehn für zwanzigtausend. Ich werde einmal am Tag in Ihrem angesehenen Etablissement essen und Ihr Porträt malen, um Ihre Wände berühmt zu machen. Am Ende des Monats werde ich Ihre Frau verewigen; zu denselben Bedingungen Ihre Schwester, Ihren Vater, Ihre Mutter und alle kleinen Kinder. Außerdem werde ich jeden Samstagabend eine Gruppe meiner Kameraden hierherbringen, die in gutem, hartem Silber bezahlen. Denken Sie daran, dass Sie, wenn Sie 1870 einen Corot für zwanzig

Francs gekauft hätten, ihn 1880 für fünftausend Francs und 1890 für fünfzigtausend Francs hätten verkaufen können. Gefällt Ihnen die Idee?"

Da die meisten Restaurantbesitzer aber praktisch veranlagt und einfallslos sind und zudem knausrige Verhandlungspartner, war Rantoul am Ende der Woche im Allgemeinen gezwungen, sich nach einem neuen Restaurantbesitzer umzusehen.

„Was für ein Privileg es ist, arm zu sein!" rief er dann begeistert Herkimer zu. „Es erweckt alle Wahrnehmungen; der Hunger macht das Auge schärfer. Ich kann heute Farben sehen, die ich noch nie zuvor gesehen habe. Und zu denken, dass ich das nie erlebt hätte, wenn Sherman sich nie in den Kopf gesetzt hätte, zum Meer zu marschieren." Inspiration! Aber, alter Kerl, wir haben noch nichts, um arm zu sein.

Beim Thema Traditionen zeigte er sich von seiner besten Seite.

„ Shakespere ist der Fluch des englischen Dramas", erklärte er mit einer absteigenden Geste, die alle kleinen Gläser dazu brachte, Alarm zu schlagen. „Nichts wird jemals aus England kommen, bis sein Einfluss außer Acht gelassen wird. Er war ein Primitiver, ein Präraffaeliter . Er verstand nichts von Form, von Komposition. Er war ein Dichter, der sich in das Drama hineinwanderte wie ein Schaf , das auf die Weide der Stiere verirrt." , ein Kolorist, der sich vorstellt, ein Bildhauer zu sein, hat die gesamte künstlerische Bewegung in England sentimentalisiert und mit Minzsoße gewürzt mit der Malerei heute – wissen Sie?"

„ *Allons* , erzähl es uns!", riefen zwei oder drei, während andere die Atempause ausnutzten und die Luft mit ihren Befehlen erfüllten:

„Paul, noch ein Bock."

"Zwei hartgekochte Eier."

„Und Brezeln; vergiss die Brezeln nicht."

„Das Problem mit der Malerei von heute ist, dass sie keinen Standpunkt hat", rief Rantoul und schluckte ein Ei wie eine Anakonda. „Wir interpretieren das Leben auf mittelalterliche Weise. Wir vergessen, dass Kunst historisch sein sollte. Wir vergessen, dass wir uns jetzt in unserem Jahrhundert befinden. Hässlichkeit, nicht Schönheit, ist das Kennzeichen unseres Jahrhunderts; Turbulenzen, Streit, Materialismus, der Pöbel, Maschinen, Massen, nicht Einheiten. Warum einen Industriekapitän vor einem Wandteppich von François I. malen? Malen Sie ihn an seinem Schreibtisch. Der Schreibtisch ist ein Thron; interpretieren Sie ihn. Wir werden vom Pöbel regiert. Wer malt Pöbel? Was falsch ist, ist, dass die Kunst in der Knechtschaft der Literatur steht – der Sentimentalität. Wir müssen aufzeichnen, was wir erleben. Hässlichkeit hat ihren Nutzen, ihren Magnetismus; die Hässlichkeit des bitteren Elends bewegt Sie zum Nachdenken, zum Umdenken. Wir jungen Männer müssen Rebellen sein. Ach, wenn wir nur die Galerien niederbrennen könnten, wären wir gezwungen, ins Leben zurückzukehren."

„Bravo, Rantoul!"

„Richtig, alter Junge."

„Zerschmettere die Statuen!"

„Verbrennt die Galerien!"

„Nieder mit der Tradition!"

„Eier und mehr Bock!"

Doch der Unterschied zwischen Rantoul und dem Revolutionsregiment bestand darin, dass er nicht nur ein Maler war, der Reden hielt; er konnte malen. Seine Tiraden waren nicht so sehr ein Aufruhr der Denunziation, sondern eher die impulsive Reizung der schöpferischen Energie in ihm. In der Schule war er bereits ein geeigneter Mann, der die Propheten prophezeien sollte. Er hatte seinen eigenen Stil, bissig, prägnant, überladen und übertrieben, aber er hatte etwas zu sagen. Er war hinter etwas her. Er war originell.

„Rebellieren! Lasst uns rebellieren!" In der letzten Stunde der Diskussion weinte er aus seiner aufgeregten Bettdecke zu Herkimer. „Der Künstler muss immer rebellieren – nichts akzeptieren, alles in Frage stellen, Konventionen und Traditionen anprangern."

„Vor allem Arbeit", sagte Herkimer auf seine lakonische Art.

„Was? Arbeite ich nicht?"

"Arbeite mehr."

Rantoul war in dieser Hinsicht jedoch nicht verwundbar. Es stimmt, er war nicht der Zugpferd wie Herkimer, der wie ein Einsiedler lebte, die Cafés und Tanzlokale mied und die letzten grauen Stunden des Tages über seinen Statuen und seinen Tonwaren verschlang. Doch während Rantoul das Leben in vollen Zügen auslebte, mit eifrigen Augen die Kais und Märkte verfolgte, durch die Wälder streifte und an den Ufern der Seine stapfte und sich unter die Menschenmengen mischte, die im Schein der Bogenlichter aufblitzten, hatte er tausend Geheimnisse Masse und Bewegung ließen keinen Moment nach, als der wilde Angriff seiner springenden Natur auf die Plackerei und Routine der Technik erfolgte.

Mit der begehrten Aufnahme in den Salon erlangten die beiden Kumpel schnell Anerkennung. Sie betraten triumphal ein echtes Atelier im

Montparnasse-Viertel, Kunden kamen und der Raum wurde zu einer Ehrenstation unter den jungen und begeisterten Menschen des Viertels.

Rantoul begann, sich in der Gesellschaft zu zeigen und wurde von den Einladungen, die ihm seine Südstaaten-Aristokratie und die Romantik seines Erfolgs einbrachten, überhäuft.

„Du gehst zu viel aus", sagte Herkimer mit einem furchtbaren Knurren zu ihm. „Was zum Teufel willst du überhaupt mit der Gesellschaft? Halte dich davon fern. Du hast nichts damit zu tun."

„Was mache ich? Ich gehe einmal pro Woche aus", sagte Rantoul und pfiff fröhlich.

„Einmal ist zu oft. Was willst du werden, eine Salonberühmtheit? Die Gesellschaft *ist l'ennemie* . Du solltest es hassen."

"Ich tue."

"Hmpf!", sagte Herkimer und musterte ihn über seine knisternde Tonpfeife hinweg. "Vergessen Sie diese Vorstellung von Menschen. Schließen Sie sich in ein Loch ein und arbeiten Sie. Was ist Gesellschaft überhaupt? Eine Menge gelangweilter Leute, die wollen, dass Sie sie unterhalten. Ich bin dagegen. Heiraten Sie lieber dieses hübsche Mädchen in der Molkerei. Sie wird Sie wie einen Gott anbeten und es Ihnen bequem machen. Das ist alles, was Sie von der Welt brauchen."

„Heirate sie selbst; sie wird für dich nähen und kochen", sagte Rantoul voller Humor.

„Ich bin nicht in Gefahr", sagte Herkimer knapp, „Sie aber schon."

"Was!"

"Du wirst sehen."

„Hör zu, du alter Nörgler", sagte Rantoul ernst. „Wenn ich in die Gesellschaft gehe, dann nur, um die Hohlheit des Ganzen zu sehen –"

"Ja ja."

„Um zu wissen, wogegen ich rebelliere –"

"Natürlich."

„Die Freiheit meines Lebens zu schätzen –"

"Schwindler!"

„Um die Vorteile von Kontrasten, Licht und Schatten zu genießen. Du denkst, ich bin kein Rebell. Mein lieber Junge, ich bin ein zehnmal größerer Rebell als ich war. Weißt du, was ich mit der Gesellschaft machen würde?"

Er begann eine Tirade im berühmten, kraftvollen Rantoul-Stil, stürzte Glaubensbekenntnisse und Kasten, reorganisierte Republiken und Imperien, während Herkimer, vor sich hin murrend, begann, das Modell zu schelten, das schläfrig die Hauptlast seiner schlechten Laune abbekam.

Im zweiten Jahr seines Erfolgs lernte Rantoul ganz zufällig ein junges Mädchen namens Tina Glover kennen, die einzige Tochter von Cyrus Glover, einem Millionär und Selfmademan. Als sich ihre Blicke das erste Mal trafen und verweilten, verliebte sich Rantoul durch die geheimnisvolle Chemie der Leidenschaften unsterblich in dieses kleine Mädchen, das ihm kaum bis zur Schulter reichte; sie wiederum war sich sofort darüber im Klaren, dass sie den Ehemann gefunden hatte, den sie sich wünschte. Zwei Wochen später waren sie verlobt.

Sie war siebzehn, kaum älter als ein Kind, mit klaren, blauen Augen, die zu groß für ihren Körper schienen, sehr schüchtern und anziehend. Es stimmt, dass sie selten ihre Meinung äußerte, aber sie hörte jedem mit einem schmeichelnden Lächeln zu, und der Ruf brillanter Redner beruht auf weniger. Sie hatte eine Art, ihre beiden Arme um Rantouls großen zu legen und sich auf eine schwache, abhängige Art an ihn zu klammern, die ganz bezaubernd war.

Als Cyrus Glover erfuhr, dass seine Tochter einen Maler heiraten wollte, machte er sich zehn Stunden im Voraus auf den Weg nach Paris. Aber Mrs. Glover, die auf gesellschaftliche Eroberungen genauso entschlossen war wie Glover bei der Kontrolle des Spiegelglasfeldes, ging ihm am Boot entgegen, und als der Zug in den Bahnhof St. Lazare einfuhr, war er völlig diszipliniert und mir wurde klar gemacht, dass ein Maler eine Sache ist und dass ein Rantoul, der zufällig malt, eine ganz andere Sache ist. Als er Rantoul eine Woche lang gekannt hatte; Und als er mit offenem Mund seinen beredten Plänen zur Neuordnung des Universums und der Künste im Besonderen zuhörte, war er bereit zu schwören, dass er eines der Genies der Welt war.

Taschengeld belästigen musste ". Herkimer war der Trauzeuge, und das Viertel war zahlreich und mit großer äußerer Begeisterung anwesend. Braut und Bräutigam begaben sich auf eine zweijährige Weltreise, damit Rantoul sich von den Schätzen Italiens, Griechenlands, Indiens und Japans inspirieren ließ.

Alle , sogar Herkimer, waren sich einig, dass Rantoul der glücklichste Mann in Paris war; dass er genau die Frau gefunden hatte, die zu ihm passte und deren Vermögen ihm alle Möglichkeiten zur Entfaltung seines Genies eröffnen würde.

„Erstens", sagte Bennett, als die Gruppe in Herkimers Atelier zurückgekehrt war, um die Feier fortzusetzen, „lasst mich anmerken, dass ich die Ehe eines Künstlers im Allgemeinen nicht gutheiße."

„Ich auch nicht", rief Chatterton, und der Chor antwortete: „Ich auch nicht."

„Ich werde nie heiraten", fuhr Bennett fort.

„Niemals", rief Chatterton, der mit seinem Absatz auf das Klavier schlug, um den zustimmenden Chor zu untermalen.

„Aber – ich füge hinzu – in diesem Fall bin ich der Meinung, dass Rantoul einen reinen Diamanten gefunden hat."

"WAHR!"

„Erstens weiß sie überhaupt nichts über Kunst, was ein enormer Vorteil ist."

"Bravo!"

„Zweitens weiß sie von nichts anderem, was noch besser ist."

„Zyniker! Du hasst kluge Frauen", rief Jacobus.

„Es gibt einen Grund."

„Trotzdem hat Bennett Recht. Die Frau eines Künstlers sollte ein Geschöpf von Impulsen und nicht von Ideen sein."

"WAHR."

„Drittens", fuhr Bennett fort, „glaubt sie, dass Rantoul ein Halbgott ist. Alles, was er tun wird, wird das Wunderbarste auf der Welt sein, und einen kleinen Menschen zu haben, in den man unsterblich verliebt ist, finde ich riesig."

„All das ist für die Braut nicht sehr schmeichelhaft", sagte Herkimer.

„Such mir eine wie sie", rief Bennett.

„Dito", sagten Chatterton und Jacobus begeistert.

„Es gibt nur eine Sache, die mir Sorgen macht", sagte Bennett ernst. „Ist da nicht zu viel Geld?"

„Nicht für Rantoul."

„Er ist ein Rebell."

„Du wirst sehen; er wird damit die Welt aufmischen."

Herkimer selbst hatte der Heirat voll und ganz zugestimmt. Die kindliche Art von Tina Glover hatte ihn überzeugt, und da es ihm nur um die Zukunft seiner Freundin ging, stimmte er mit den anderen darin überein, dass nichts Glücklicheres hätte passieren können.

Es vergingen drei Jahre, in denen er gelegentlich Briefe von seinem alten Kumpel erhielt, nicht ganz so spontan, wie er erwartet hatte, aber voller Wunder der antiken Welten. Dann wurden die Abstände immer länger und schließlich kamen keine Briefe mehr.

Auf vage Weise erfuhr er, dass sich die Rantouls im Osten irgendwo in der Nähe von New York niedergelassen hatten, doch er wartete vergeblich auf die Nachricht von dem Aufruhr in der Welt der Kunst, den Rantouls erste Ausstellungen hervorrufen würden.

Seine Freunde, die ihn in Amerika besuchten, kehrten ohne Neuigkeiten aus Rantoul zurück; es gab ein Gerücht, er sei mit seinem Schwiegervater zur Gründung einer neuen Eisenbahngesellschaft oder eines neuen Trusts gegangen. Aber selbst dieser Bericht war vage, und da er nicht verstehen konnte, was passiert sein könnte, blieb es für ihn lange Zeit ein Rätsel. Dann vergaß er es.

Zehn Jahre nach Rantouls Heirat mit der kleinen Tina Glover kehrte Herkimer nach Amerika zurück. Die letzten Jahre hatten ihn in den Vordergrund der Bildhauerwelt gebracht. Er hatte das seltsam aufgeregte Bewusstsein, dass er eine Figur im Blickfeld der Öffentlichkeit war. Reporter eilten ihm bei seiner Ankunft entgegen, Vereine organisierten Abendessen für ihn, Zeitschriften suchten nach Einzelheiten seines Lebenskampfes. Dennoch verspürte er eine seltsame Einsamkeit und eine Distanziertheit gegenüber der lärmenden Welt um ihn herum. Er erinnerte sich an die alte Freundschaft in der sternenklaren Mansarde der Rue de l'Ombre , und als er Rantouls Adresse erfuhr, schrieb er ihm. Drei Tage später erhielt er folgende Antwort:

Lieber alter Junge:

Ich freue mich, dass Sie sich in Ihrem Ruhm an mich erinnern. Laufen

diesen Samstag für mindestens eine Woche wach. Ich zeige dir etwas Feines

Landschaft, und wir werden uns gemeinsam an die Tage des Café des Lilacs erinnern.

Auch meine Frau lässt Dich grüßen.

Clyde.

Dieser Brief brachte Herkimer zum Staunen. Da war nichts, was er hätte finden können, und doch war da etwas, das nicht da war. Mit einigen Bedenken packte er seine Tasche und nahm den Zug, wobei ihm wieder das Bild von Rantoul in den Sinn kam, mit seinen schäbigen Hosen, die er hochgezogen hatte, seine Knöchel mit Lavendel und Schwarz verzierte und dabei die ganze Zeit sein dröhnendes Lachen ausstieß.

Am Bahnhof war nur der Chauffeur ausgestiegen, um ihn abzuholen. Ein artig gekleideter Diener, der sich auf Federn bewegte, nahm ihm seine Tasche ab, setzte ihn auf den Rücksitz und breitete einen Staubwedel für ihn aus. Sie gingen durch ein mit Säulen versehenes Tor im Renaissancestil, kamen an einem Gärtnerhaus vorbei, dessen Treibhäuser in der liegenden Sonne blitzten, und flohen geräuschlos die Makadamstraße entlang, die sich durch einen formellen Hain schlängelte. Auf einmal standen sie vor dem Haus aus rotem Backstein und Marmor mit weit geöffneten Vordächern und Verandas, hinter denen makellose Rasenflächen zu sehen waren und in mittlerer Entfernung das träge Grau eines Flusses, der von den stürmischen Hügeln am Horizont herabkroch. Ein weiteres Wesen in Livree trippelte die Stufen hinunter und hielt ihm die Tür auf. Er ging verwirrt in die Halle, die von der Brise, die durch die offenen französischen Fenster wehte, frisch war.

„Mr. Herkimer, nicht wahr?"

Als er sich umdrehte, sah er eine Frau mit wohlerzogenem Selbstvertrauen, die ihm korrekt die Hand entgegenstreckte, und unter dem Panamahut , der den angenehmen Effekt ihres weißen Polomantels krönte, blickte er in die Augen dieser Tina Glover, die einst seine grobe Hand erwischt hatte ihre Kleinen und sagte schüchtern:

„Du wirst immer mein Freund sein, mein bester Freund, genau wie du der von Clyde bist, nicht wahr? Und ich kann dich Britt oder Old Boy oder Old Top nennen, so wie Clyde es tut?"

Er sah sie erstaunt an. Sie war unbestreitbar hübscher. Sie hatte die Kunst gelernt, eine Frau zu sein, und sie reichte ihm die Hand, als hätte sie ihm einen Gefallen getan.

„Ja", sagte er kurz und erstarrte auf einmal. „Wo ist Clyde?"

„Er musste Polo spielen. Er ist gerade zu Hause und nimmt ein Bad", sagte sie locker. „Gehst du zuerst auf dein Zimmer? Ich habe niemanden zum Abendessen eingeladen. Ich nehme an, ihr würdet lieber über alte Zeiten plaudern. Du bist eine riesige Berühmtheit geworden, nicht wahr? Clyde ist so stolz auf dich."

„Ich gehe jetzt in mein Zimmer", sagte er kurz.

Der Diener war ihm vorausgegangen, hatte seinen Reisekoffer geöffnet und seine Abendgarderobe auf der Spitzenbettdecke glattgestrichen.

„Ich werde mich darum kümmern", sagte er knapp. „Sie können gehen."

Er stand in der langen Abendstunde des Junitages am Fenster und runzelte die Stirn. „Bei Gott! Ich habe Lust, auszusteigen", sagte er, zutiefst wütend.

In diesem Moment ertönte ein kräftiges Klopfen, und Rantoul stürzte in Pantoffeln und lila Morgenmantel herein, sein Haar war noch nass vom Duschen.

„Das Gleiche wie immer, Gott segne die alte Spitze!" „, schrie er und holte ihn in einer der altmodischen Bärenumarmungen ein. „Ich sage, halte mich nicht für unwirtlich. Musste ein ziemliches Match bestreiten. Wir haben sie auch geschlagen, haben dabei allerdings sechs Pfund abgenommen. Herrgott! Aber du siehst natürlich aus! Ich sage, das war eine atemberaubende Leistung, die du gemacht hast." für Philadelphia – die Kühnheit davon. Ich habe auch vier Kinder. Nun, sagen Sie mir, was Sie tun.

Herkimer gab angesichts der gewohnten Flut von Begeisterung und Fragen nach, und das Gespräch begann auf einer natürlichen Grundlage. Er sah Rantoul an und war sich der sozialen Veränderung bewusst, die in ihm stattgefunden hatte. Die alte Aggressivität, der Wolfsblick waren verschwunden; er hatte eine enthusiastische Urbanität an sich. Er wirkte sauber, männlich und strotzte vor Vitalität, nur war es eine andere Vitalität, die Bissigkeit und Entschlossenheit eines Geschäftsmannes, nicht der ungezähmte Ausbruch des Künstlers.

Sie hatten kaum fünf Minuten miteinander gesprochen, als es an der Tür klopfte und die Stimme eines Dieners sagte:

„Mrs. Rantoul möchte, dass Sie nicht zu spät zum Abendessen kommen, Sir."

„Sehr gut, sehr gut", sagte Rantoul ein wenig ungeduldig. „Ich vergesse immer die Zeit. Jupiter! Es ist schön, dich wiederzusehen. Du gibst uns mindestens eine Woche. Wir sehen uns unten."

Als Herkimer sich angezogen hatte und herunterkam, waren sein Gastgeber und seine Gastgeberin noch oben. Er ging durch die Räume und betrachtete neugierig die Inhalte an den Wänden. Es gab mehrere wertvolle Gemälde, eine Reihe von Zeichnungen von Boucher, ein oder zwei Nachbildungen seiner eigenen Werke; aber er suchte vergeblich nach etwas aus dem Pinsel von Clyde Rantoul. Beim Abendessen spürte er ein plötzliches Unbehagen. Mrs. Rantoul bedrängte ihn mit dem schmeichelnden Lächeln, das an Tina Glover erinnerte, mit zahllosen Fragen, die er zurückhaltend beantwortete, immer im Bewusstsein des stumpfen, vorgetäuschten Interesses in ihren Augen.

Während des Essens wurde Rantoul zweimal für ein Ferngespräch ans Telefon gerufen.

„Clyde wird zu einer echten Macht in der Wall Street", sagte Mrs. Rantoul mit einem anerkennenden Lächeln. „Vater sagt, er ist die Stärke der jüngeren Männer. Er ist wirklich ein Organisationstalent."

„Es ist eine wunderbare Zeit, Britt", sagte Rantoul und nahm seinen Platz wieder ein. „So etwas gibt es nirgendwo sonst auf der Welt – die Möglichkeiten der Konzentration und Vereinfachung hier im Geschäftsleben. Es ist auch ein großartiges Spiel, seinen Verstand mit dem eines anderen zu messen. Wir bauen Handelsimperien auf, Ordnung aus dem Chaos. Ich verdiene eine Menge Geld."

Herkimer schwieg während des restlichen Abendessens hartnäckig. Alles schien ihn zu fesseln – der Zwang, vor dem schweigsamen, eiligen Butler zu speisen, Diener, die ihm den Teller wegschnappten, bevor er es wusste, die Abfolge nicht wiederzuerkennender Gerichte, das ständige Geschwätz gesellschaftlicher Lauscher, das Mrs. Rantoul in die Tat umsetzte, sobald die Erinnerungen ihres Mannes sie aus dem Gespräch verbannten; aber vor allem die undefinierbare Feindseligkeit, die aus seiner Gastgeberin hervorzuquellen schien und die er gelegentlich zu erahnen schien, wenn das bereitwillige Lächeln ihre Lippen verließ und sie gezwungen war, sich Dinge anzuhören, die sie nicht verstand.

Als sie vom Tisch aufstanden, legte Rantoul seinen Arm um seine Frau und sagte ihr etwas ins Ohr, woraufhin sie lächelte und ihm die Hand tätschelte.

„Ich bin sehr stolz auf meinen Mann, Mr. Herkimer", sagte sie und nickte leicht mit dem Kopf, was ein Gefühl von Besitzanspruch ausdrückte. „Sie werden schon sehen."

„Dann sollten wir doch mal raus in den Garten gehen und eine kleine Zigarette rauchen", sagte Rantoul.

„Was, du willst mich verlassen?", sagte sie sofort mit einem Anflug von Unbehagen, den Herkimer wahrnahm.

„Wir werden nicht lange brauchen, Liebes", sagte Rantoul und kniff sie ins Ohr. „Unser Geplapper wird dich nicht interessieren. Schick den Kaffee in die Rosenkuppel."

Sie gingen auf die offene Veranda hinaus, aber Herkimer bemerkte die kleine Frau, die unentschlossen mit ihrem dünnen Finger auf den Tisch klopfte, und er sagte zu sich selbst: „Sie ist eine kleine, eifersüchtige Unmensch. Was zum Teufel hat sie fürchtet, dass ich zu ihm sagen werde?"

Sie wanderten durch süß duftende Pfade, unter dem hochgefächerten Sternennetz hindurch, und hörten nur das Knirschen kleiner Kieselsteine unter ihren Füßen.

„Du hast das Malen aufgegeben?" sagte Herkimer auf einmal.

„Ja, obwohl das nicht zählt", sagte Rantoul abrupt; aber in seiner Stimme lag ein anderer Ton, etwas von der Unruhe des alten Don Furioso. „Erzählen Sie mir vom Viertel. Wer ist jetzt im Café des Lilacs? Man erzählt mir, dass die kleine Ragin, die wir früher gequält haben, tolle Dekorationen gemacht hat. Was ist aus dem hübschen Mädchen in der Molkerei der Rue de l'Ombre geworden , das? Hat uns früher über die mageren Tage hinweg geholfen?

„Wen haben Sie Unsere Liebe Frau von den Spatzen getauft?" „Ja, ja. Du weißt, dass ich ihr das Seidenkleid und die Ohrringe geschickt habe, die ich ihr versprochen habe."

Herkimer begann über dies und jenes zu sprechen, über Bennett, der auf dramatische Weise nach Transvaal gegangen war; über Le Gage, der nun zur vordersten Front der jüngeren Gruppe von Landschaftsmalern gehörte; über die alten Typen, die noch immer treu ins Café des Lilacs kamen – die alten Schachspieler, den dicken Besitzer mit seiner dicken Frau und den drei dicken Kindern, die dort jeden Sonntag regelmäßig speisten –, und über die neuen revolutionären Ideen der jüngeren Männer, die sich langsam durchzusetzen begannen.

„Lass uns hinsetzen", sagte Rantoul, als würde er ersticken.

Sie setzten sich in Korbsessel unter die stark duftende Rosenkuppel und verschmähten den Kaffee, der auf einem Tisch wartete. Von dort, wo sie standen, führte ein rot gefliester Weg, auf dem Blumenbeete in verzaubertem Schlaf nickten, zur Veranda. Die Fenster der Veranda waren geöffnet, und im goldenen Lampenlicht sah Herkimer die Gestalt von Tina Glover, die sich konzentriert über eine Stickerei beugte und ihre Nadel mit ungleichmäßigen Stichen zog, wobei ihr Kopf geneigt schien, um das leiseste Geräusch aufzufangen. Die wartende, nervöse Haltung, die schlanke Gestalt auf der Hut, riefen in ihm ein seltsames, fast unheimliches Gefühl des Geheimnisvollen hervor, und als er die plötzliche Veränderung in der Stimmung des Mannes an seiner Seite spürte, blickte er auf die Gestalt der Frau und sagte zu sich selbst:

Our Lady of the Sparrows

„Ich würde viel darum geben, zu wissen, was in diesem kleinen Kopf vorgeht. Wovor hat sie Angst?"

„Sie sind überrascht, mich so vorzufinden, wie ich bin", sagte Rantoul und brach abrupt das Schweigen.

"Ja."

„Du kannst es nicht verstehen?"

„Wann hast du das Malen aufgegeben?" sagte Herkimer kurz, mit dem sicheren Gefühl, dass die Stunde der Vertraulichkeiten gekommen sei.

"Vor sieben Jahren."

„Warum in Gottes Namen hast du das getan?" sagte Herkimer und warf wütend seine Zigarre weg. „Du warst nicht irgendjemand – Tom, Dick oder Harry. Du hattest etwas zu sagen, Mann. Hör zu. Ich weiß, wovon ich spreche – ich habe die ganze Prozession in den letzten zehn Jahren gesehen – Du warst einer von Tausenden. Du hattest Ideen, du warst dazu bestimmt, eine Bewegung anzuführen, du hattest eine geradezu unentwickelte, aber an der Kette zerrende Kraft bekannt. Warum hast du das getan?"

„Das hätte ich fast vergessen", sagte Rantoul langsam. "Bist du sicher?"

„Bin ich sicher?" sagte Herkimer wütend. „Ich sage, was ich meine; du weißt es."

„Ja, das stimmt", sagte Rantoul. Er streckte die Hand aus und trank seinen Kaffee, ohne jedoch zu wissen, was er tat. „Nun, das ist alles Vergangenheit – was hätte sein können."

"Aber warum?"

„Britt, alter Kerl", sagte Rantoul schließlich und sprach wie zu sich selbst, „hatten Sie jemals einen Moment, in dem Sie plötzlich aus sich selbst herauskamen und sich selbst und Ihr Leben als Zuschauer betrachteten ? Hatte dich hin und her gezogen und erkannte, was hätte sein können, wenn du an einem bestimmten Tag deines Lebens um eine Ecke gegangen wärest, anstatt an einem anderen?"

„Nein, ich bin dorthin gegangen, wohin ich wollte", sagte Herkimer hartnäckig.

„Das denkst du. Nun, heute Abend kann ich mich zum ersten Mal sehen", sagte Rantoul. Dann fügte er nachdenklich hinzu: „Ich habe nicht eine einzige Sache getan, die ich tun wollte."

„Aber warum – warum?"

„Du hast mir alles zurückgebracht", sagte Rantoul und ignorierte diese Frage. „Es tut weh. Ich schätze, morgen werde ich es übel nehmen, aber heute Abend fühle ich mich zu tief. Es gibt nichts Freies an uns auf dieser Welt, Britt. Das glaube ich zutiefst. Alles, was wir von morgens bis abends tun, wird von uns diktiert Die Richtung derer, die uns umgeben , können wir bekämpfen und widerstehen, aber es sind diejenigen, die uns am nächsten stehen, die uns am meisten verändern, die unsere Wünsche durchkreuzen „Nichts auf dieser Welt ist so unerbittlich, so schrecklich, schrecklich unwiderstehlich wie eine Frau ohne Kraft, ohne Logik, ohne Vision, die nur liebt."

„Er wird Dinge sagen, die er bereuen wird", dachte Herkimer, und doch widersprach er nicht. Stattdessen blickte er den schwach geröteten Weg hinunter zum Haus, wo Mrs. Rantoul saß, ihre Stickerei auf dem Schoß, den Kopf erhoben, als würde sie zuhören. Plötzlich sagte er:

„Hör mal, Clyde, willst du mir das erzählen?"

„Ja, das tue ich. So ist das Leben. Warum nicht? Wir sind in einem Alter, in dem wir uns den Dingen stellen müssen."

"Trotzdem-"

„Lass mich weitermachen", sagte Rantoul und hielt ihn auf. Geistesabwesend streckte er die Hand aus und trank die zweite Tasse. „Lass mich jetzt sagen, Britt, aus Angst, dass du es falsch verstehst, es hat nie den geringsten Streit zwischen meiner Frau und mir gegeben. Sie liebt mich absolut; nichts anderes auf dieser Welt existiert für sie. Das war schon immer so; das kann sie nicht." Ich ertrage es sogar, mich außer Sichtweite zu haben. Nur liegt in einer solchen Liebe etwas von dem Tiger – eine wilde tierische Eifersucht auf alles und jeden, die mich in diesem Moment auch nur für einen Moment ablenken könnte Sie leidet wahrscheinlich unermessliche Schmerzen, weil sie denkt, ich bereue die Tage, in denen sie nicht in meinem Leben war.

„Und weil sie deine Kunst nicht verstehen konnte, hasste sie sie", sagte Herkimer mit wachsender Wut.

„Nein, das war es nicht. Es war etwas Subtileres, Instinktiveres, Unmöglicheres, das man bekämpfen konnte", sagte Rantoul kopfschüttelnd. „Wissen Sie, was für den Künstler – für jeden, der etwas erschafft – das Wichtigste ist? Das Gefühl der Privatsphäre, die Fähigkeit, sein eigenes Genie von allem in der Welt abzuschotten, sich absolut zu konzentrieren. Um etwas zu erschaffen, müssen wir allein sein, seltsame, unausgesprochene Gedanken haben, so wie jeder Mensch in den Reichen der Seele Momente völliger Isolation haben muss – Gedanken, Träumereien, Stimmungen, die man nicht einmal mit denen teilen kann, die man am meisten liebt. Das verstehen Sie nicht."

"Ja, das tue ich."

„Im Grunde kommen und gehen wir Menschen ganz allein. Freundschaft, Liebe, all das, was wir instinktiv loswerden wollen, diese schreckliche Einsamkeit der Seele, nützt nichts. Nun, wovor andere zurückschrecken, muss der Künstler suchen."

„Aber du konntest ihr das nicht verständlich machen?"

„Ich hatte es mit einem Kind zu tun", sagte Rantoul. „Ich liebte dieses Kind, und ich konnte es nicht einmal ertragen, zu sehen, wie ein trauriges Stirnrunzeln ihr Gesicht verdunkelte. Dann vergötterte sie mich. Was kann man darauf antworten?"

"Das ist richtig."

„Zuerst war es nicht so schwierig. Wir reisten um die Welt – Griechenland, Indien, Japan. Sie kam und setzte sich an meine Seite, als ich meine Staffelei nahm; jeder Pinselstrich kam mir wie ein Wunder vor. Hundertmal weinte sie Das machte mir natürlich Spaß. Von Zeit zu Zeit unterbrach ich die Sitzungen und belohnte meine kleine geduldige Zuhörerschaft.

„Und die Skizzen?“

„Sie waren nicht das, was ich wollte“, sagte Rantoul mit einem kleinen Lachen; „aber sie waren nicht schlecht. Als ich hierher zurückkam und mein Atelier eröffnete, begann es schwierig zu werden. Sie konnte nicht verstehen, dass ich achtzehn Stunden am Tag arbeiten wollte. Sie bettelte um meine Nachmittage. Ich gab nach. Sie umarmte mich verzweifelt und sagte: „Oh, wie gut du bist! Jetzt werde ich nicht mehr neidisch sein und jeden Morgen mit dir kommen und dich inspirieren.“

„Jeden Morgen“, sagte Herkimer leise.

„Ja“, sagte Rantoul mit einem kleinen Zögern, „jeden Morgen. Sie flatterte wie ein rosa-weißer Schmetterling durch das Studio und schickte mir einen Kuss mit ihren zierlichen Fingern, wann immer ich in ihre Richtung schaute. Sie schaute mir jeden Tag über die Schulter.“ Schlaganfall, und als ich etwas tat, das ihr gefiel, spürte ich ihre Lippen an meinem Hals, hinter meinem Ohr, und hörte sie sagen: ‚Das ist deine Belohnung.‘“

„Jeden Tag?“, sagte Herkimer.

"Täglich."

„Und als Sie ein Modell hatten?“

„Oh, damals war es noch schlimmer. Sie behandelte die Modelle wie Sträflinge und beobachtete sie aus den Augenwinkeln. Ihre Zärtlichkeitsbekundungen verdoppelten sich, ihre Liebkosungen hörten nie auf, als wollte sie ihnen ihre Besitzansprüche aufzwingen. Damals war sie wirklich eifersüchtig.“

„Gott – wie konntest du das ertragen?“, sagte Herkimer heftig.

"Um ehrlich zu sein, je mehr sie mich als Künstler empörte, desto mehr gefiel sie mir als Mann. So unbedingt geliebt zu werden, besonders wenn man für solche Dinge empfänglich ist, hat einen ganz eigenen Rausch, ja, sie faszinierte mich immer mehr."

"Außergewöhnlich."

„Eines Tages versuchte ich, ihr klarzumachen, dass ich allein sein musste. Sie hörte mir feierlich zu, mit nur einem leichten Zucken ihrer Lippen, und ließ mich gehen. Als ich zurückkam, fand ich ihre vom Weinen geschwollenen Augen und sie Herz platzt.

„Und du hast sie in deine Arme genommen und versprochen, sie nie wieder wegzuschicken."

„Natürlich. Dann fing ich an, in die Gesellschaft zu gehen, um ihr zu gefallen. Als nächstes kam etwas sehr Interessantes dazwischen, und ich vernachlässigte mein Atelier einen Morgen lang. Das Gleiche passierte immer wieder. Ich erlebte eine Zeit wilder Revolte, bitterer Wut , in dem ich beschloss, standhaft zu bleiben, auf meiner Privatsphäre zu bestehen und den Kampf zu führen."

„Und das hast du nie getan?"

„Als sie mich umarmte, als ich sah, wie ihre Augen voller Anbetung und Leidenschaft zu den meinen blickten, vergaß ich all meine Verärgerung über mein Glück als Mann. Ich sagte mir: ,Das Leben ist kurz, es ist besser.' geliebt zu werden, statt auf Ruhm zu warten.' Eines Nachmittags schlich ich mich unter dem Vorwand, den Hain zu untersuchen, ins Atelier und holte einige der alten Dinge heraus, die ich in Paris gemacht hatte – und saß da und starrte sie an Tränen traten mir in die Augen, als ich mich umsah und sie mit großen Augen an der Tür stehen sah.

"'Was machst du?' Sie sagte.

„,Ich schaue mir einige der alten Dinge an.'

„,Du bereust diese Tage?'

"'Natürlich nicht.'

„,Warum schleichen Sie sich dann von mir weg und erfinden einen Vorwand, um hierher zu kommen? Ist meine Liebe nicht groß genug für Sie? Wollen Sie mich ganz aus Ihrem Leben streichen? Sie haben mir immer gesagt, dass ich Sie inspiriert habe. Wenn Sie wollen, verzichten wir auf die Nachmittage. Ich komme hierher, ich stehe Ihnen Modell, ich stehe stundenweise für Sie Modell – aber schlagen Sie mir nicht die Tür vor der Nase zu!'

„Sie begann zu weinen. Ich nahm sie in meine Arme und sagte ihr alles, was sie von mir hören wollte, achtlos, brutal und ohne Rücksicht darauf, was ich sagte.

„In dieser Nacht rannte ich weg, entschlossen, allem ein Ende zu setzen – zu retten, wonach ich mich sehnte. Ich blieb fünf Stunden lang in der Nacht stapfend – hin und her gezogen. Ich erinnerte mich an meine Kinder. Ich kam zurück – erzählte eine Lüge. Am nächsten Tag schloss ich die Tür des Studios nicht vor ihr, sondern vor mir selbst.

„Monatelang habe ich nichts getan. Ich war unglücklich. Sie sah es schließlich und sagte zu mir:

„‚Du solltest arbeiten. Du bist nicht glücklich, wenn du nichts tust. Ich habe etwas für dich arrangiert.'

„Ich hob erstaunt den Kopf, als sie fortfuhr und vor Freude in die Hände klatschte:

„‚Ich habe alles mit Papa besprochen. Du wirst in sein Büro gehen. Du wirst Großes leisten. Er ist ganz begeistert, und ich habe es dir versprochen.'

„Ich ging. Ich wurde neugierig. Ich blieb. Jetzt bin ich wie jeder andere Mann, domestiziert, konservativ, lebe mein Leben und sie hat nicht die geringste Ahnung, was sie getötet hat."

„Lasst uns hineingehen", sagte Herkimer und stand auf.

„Und Sie sagen, ich hätte einen Namen hinterlassen können?", sagte Rantoul bitter.

„Es war ein Fehler von Ihnen, mir das alles zu erzählen", sagte Herkimer.

„Ich war dir die Erklärung schuldig. Was konnte ich tun?"

"Lüge."

"Warum?"

„Denn nach solch einem Vertrauen ist es für dich unmöglich, mich jemals wiederzusehen. Du weißt es."

„Unsinn. Ich-"

"Lass uns zurück gehen."

Voller dumpfer Wut und Empörung ging Herkimer voran. Rantoul packte ihn nach ein paar Schritten am Ärmel.

„Nimm es nicht zu ernst, Britt. Ich rebelliere nicht mehr. Ich bin nicht mehr der Rantoul, den du kanntest."

„Das ist genau das Problem", sagte Herkimer grausam.

Als sich ihre Schritte näherten, stand Frau Rantoul hastig auf und verschüttete ihre Seide und ihre Nadeln auf dem Boden. Sie warf ihrem Mann einen schnellen, prüfenden Blick zu und sagte mit ihrem schmeichelhaften Lächeln:

„Herr Herkimer, Sie müssen ein sehr interessanter Redner sein. Ich bin ziemlich eifersüchtig."

„Ich bin ziemlich müde", antwortete er und verbeugte sich. „Wenn Sie mich entschuldigen, ich gehe jetzt zu Bett."

„Wirklich?", sagte sie und hob den Blick. Sie streckte ihm die Hand entgegen, und er nahm sie mit fast der gleichen körperlichen Abneigung, mit der man die Hand eines Verbrechers berühren würde. Am nächsten Morgen ging er fort.

Drittes Kapitel

Als Herkimer fertig war, zuckte er mit den Schultern, lachte kurz, warf einen Blick auf die Uhr und ging in seiner knappen, zielstrebigen Art davon.

"Na, bei Gott!", sagte Steingall , der sich als Erster von dem Zauber der Geschichte erholte, "beweist das nicht genau, was ich gesagt habe? Sie sind eifersüchtig, sie sind alle eifersüchtig, das sage ich Ihnen, eifersüchtig auf alles, was Sie tun. Sie wollen nur, dass wir sie anbeten. Bei Gott! Herkimer hat recht. Rantoul war der Größte von uns allen. Sie hat ihn genauso ermordet, als hätte sie ihm ein Messer in den Leib gerammt."

„Sie hat es mit Absicht getan", sagte De Gollyer . „Auch an ihr war nichts Kindliches. Im Gegenteil, ich halte sie für eine kluge, eine teuflisch kluge Frau."

" Natürlich hat sie das. Sie sind alle schlau, verdammt noch mal!", sagte Steingall explosiv. "Also, was sagst du dazu, Quinny? Ich sage, ein Künstler, der heiratet, könnte sich genauso gut ein Seil um den Hals binden, es seiner Frau schenken und es mit ihr feiern."

„Im Gegenteil", sagte Quinny, und eine plötzliche Eingebung ließ seine ganze Front neu ordnen, „jeder Künstler sollte heiraten. Die einzige Gefahr besteht darin, dass er vielleicht glücklich heiratet."

„Was?", rief Steingall . „Aber Sie sagten –"

„Mein lieber Junge, ich habe ein paar neue Ideen entwickelt", sagte Quinny unbekümmert. „Die Geschichte hat eine Moral – ich verabscheue Moral – aber diese hier hat eine. Ein Künstler sollte immer unglücklich heiraten, und wissen Sie, warum? Es ist eine reine Frage der Chemie. Towsey, wann arbeiten Sie am besten?"

„Wie meinen Sie das?", sagte Towsey und rappelte sich auf.

„Ich habe Sie sagen hören, dass Sie am besten arbeiten, wenn Ihre Nerven völlig blank liegen – bei einer durchzechten Nacht, Gurken, einem Gewitter oder leichtem Fieber."

„Ja, das stimmt."

„Kann jemand gut arbeiten, wenn alles ruhig ist?" fuhr Quinny triumphierend fort, zum Erstaunen von Rankin und Steingall . „Können Sie an einem klaren Frühlingstag arbeiten, an dem Sie nichts stört und der erste des Monats zwei Wochen frei hat, nicht wahr? Natürlich können Sie nicht. Glück ist der Feind des Künstlers. Es schläft die Fähigkeiten ein. Zufriedenheit." ist eine Droge. Meine lieben Männer, ein ständiger Gärungszustand versetzt die Nerven in Aufruhr. Hochmut und Reue, Wut und Inspiration, all das sind wir Gesegnet mit, wenn wir unglücklich verheiratet sind, treibt uns das Glück dazu, es zu vernachlässigen, wenn alles glatt ist, keine Nerven, keine Inspiration, fettes, aufgedunsenes Sonntagsessengefühl glücklich, kann nicht arbeiten? Ich gehe nach Hause und fange einen Streit mit meiner Frau an.

„Und dann *können Sie* arbeiten“, rief Steingall und brüllte vor Lachen. „Bei Gott, Sie *sind* riesig!“

„Nie besser“, sagte Quinny, der wie ein Prophet auftrat.

Die vier Künstler, die Herkimers Geschichte in jener allmählich immer tiefer werdenden Depression angehört hatten, die das Thema Ehe immer über sie brachte, hellte sich plötzlich sichtlich auf. Auf ihren Gesichtern erschien der Ausdruck innerer Grübelei, und dann ein Lichtstrahl.

Der kleine Towsey, der seit seiner Ankunft geschmollt, genervt und vor Wut geschäumt hatte, sprang energisch auf und warf seine dritte Zigarre weg.

„Hier, wohin gehst du?“, sagte Rankin protestierend.

„Ab ins Studio“, sagte Towsey ganz unbewusst. „Mir ist nach ein bisschen Arbeit.“

HUNDERT IM DUNKEL

Sie diskutierten träge, wie es solche Gruppen tun, und suchten für jedes Thema einen Haken, an den sie ein paar Epigramme hängen konnten, die in der Mundart des Clubs nacherzählt werden könnten – Steingall , der Maler, voller Gesten und Schwächung, fremdartig in der Schrift, mit einer schwarz umrandeten Brille und einer Schleife aus schwarzer Seide, die über seinen kurzen Bart und die Kavallerieschnurrbärte lief; De Gollyer , ein Kritiker, der es vorzog, als ein Mann der Stadt bekannt zu sein, klein, fieberhaft, prägnant, der Plattitüden mit einem Adjektiv niedermetzelte und einen guten Ruf mit drei Adjektiven kennzeichnete; Rankin, der Architekt, immer in einer defensiv-erklärenden Haltung, der seine Ellbogen auf den Tisch stützte, seine Hände vor seine lange, gleitende Nase hielt und mit seinen Fingern gestikulierte; Quinny, der Illustrator, lang und hager, mit einer räuberischen Beredsamkeit, die unwiderstehlich auf jedes Thema losgeht, es abschneidet, es umgibt und es mit durchdringendem Witz und Satire überhäuft; und Peters, dessen Lebensweise ein Rätsel war, ein junger Mann von fünfzig Jahren, der nichts getan hatte und der jeden beim Vornamen kannte, der Postbote des Clubs, der das Geschwätz, die *Bonmots* und die Nachrichten überbrachte Tag, der jede Woche eine Petition verfasste und den Hausausschuss täglich mit einer Beschwerde verfolgte.

Auf der vergitterten Veranda, die um den mit Sand bedeckten Hof mit seinem schwachen Springbrunnen und den kümmerlichen immergrünen Pflanzen herumführte, saßen andere Gruppen, die einander beäugten oder sich in unzusammenhängende Gespräche vertieften, bedrückt von der Schwere der Nacht.

Am runden Tisch war es Quinny, der, während er das Gespräch in sich aufnahm, Energie in sich aufsaugte, nachdem er Steingall in Sachen Germanen und Archäologie und Rankin in Sachen Ursprung des Vaterunsers besiegt hatte. Dann hatte er eine zufällige Bemerkung De Gollyers aufgegriffen und gesagt:

„Es gibt nur ein halbes Dutzend Geschichten auf der Welt. Wie alles, was wahr ist, ist es auch nicht wahr." Er winkte mit seinen langen, gichtigen Fingern in Richtung Steingall , der ihn, nachdem er zum Schweigen gebracht worden war, mit einem Blick schläfriger Gleichgültigkeit ansah. „Was noch wichtiger ist, ist die geringe Anzahl menschlicher Beziehungen, die so einfach und doch so grundlegend sind, dass sie in jeder Sprache, in jedem Zeitalter ewig gespielt, neu gestaltet und neu interpretiert werden können und dennoch in der Möglichkeit unerschöpflich bleiben von Variationen.

„Bei George, das ist so", sagte Steingall , als er aufwachte. „Jede Kunst geht auf drei oder vier Noten zurück. In der Komposition ist es dasselbe. Nichts Neues – nichts Neues seit tausend Jahren. Bei George, das ist wahr! Wir erfinden nichts, nichts!"

„Nehmen Sie das ewige Dreieck", sagte Quinny hastig, um seinen Vorteil nicht aufzugeben, während Rankin und De Gollyer gelangweilt weiterhin verträumt auf ein oder zwei vagabundierende Sterne starrten. „Zwei Männer und eine Frau, oder zwei Frauen und ein Mann. Offensichtlich sollte es als das erste der großen ursprünglichen Hauptthemen eingestuft werden unsere modernen, fleißigen, arbeitslosen Esel zu analysieren und zu klassifizieren."

„Ganz richtig", sagte Rankin, ohne den satirischen Ton zu bemerken. „Nun gibt es De Maupassants Fort Comma la Mort – die interessanteste Variante –, die die Wendung zeigt, die ein Genie geben kann. Dort ist das Dreieck der Mann mittleren Alters, die Mutter, die er in seiner Jugend geliebt hat, und die Tochter, die er lieben lernt. Man könnte sagen, es bildet den Kopf einer ganzen Unterabteilung der modernen kontinentalen Literatur.

„Ganz falsch, Rankin, ganz falsch", sagte Quinny, der die andere Seite ebenso gebieterisch ausgedrückt hätte. „Was Sie zitieren, ist eine Variation eines ganz anderen Themas, des Faust-Themas – die Sehnsucht des Alters nach der Jugend, der Mann, der geliebt hat, die Sehnsucht nach der Liebe seiner Jugend, die die Jugend selbst ist. Das Dreieck ist am meisten das Thema der Eifersucht." zerstörerisch und daher die dramatischste aller menschlichen Leidenschaften. Das Faust-Thema ist die grundlegendste und unvermeidlichste aller menschlichen Erfahrungen, die Tragödie des Lebens selbst.

Rankin, der Quinny nie zustimmte, es sei denn, Quinny nutzte seine vorherige Ankündigung böswillig aus, um ihm zuzustimmen, kämpfte weiterhin gegen diese Idee.

„Sie glauben also", sagte De Gollyer , nachdem er einen Moment lang Haarspalterei betrieben hatte, „dass der Ursprung aller dramatischen Themen einfach der Ausdruck irgendeiner menschlichen Emotion ist. Mit anderen Worten, es kann nicht mehr übergeordnete Themen geben, als es menschliche Emotionen gibt."

„Ich danke Ihnen, Sir, sehr gut ausgedrückt", sagte Quinny mit einer großzügigen Handbewegung. „Warum sind die Drei Musketiere ein grundlegendes Thema? Einfach die Interpretation von Kameradschaft, das Gefühl, das ein Mann für einen anderen empfindet, lebenswichtig, weil es das einzige spezifisch männliche Gefühl ist. Sehen Sie sich Du Maurier und Trilby an, Kipling in Soldiers Three – einfach die Drei Musketiere."

„Das Vie de Bohème?" schlug Steingall vor .

„Im echten Vie de Bohème, ja", sagte Quinny bösartig. „Nicht in den zusammengebrauten Sentimentalitäten, die wir uns jetzt von athletischen Tenören und schwindsüchtigen Elefanten aufgetischt haben!"

Rankin, der schweigend darüber nachgedacht hatte, was zurückgeblieben war, sagte nun listig und mit offensichtlicher Absicht:

„Trotzdem bin ich ganz und gar nicht einer Meinung mit euch Männern. Ich glaube, dass es Situationen gibt, originelle Situationen, die unabhängig von euren menschlichen Emotionen sind, die nur deshalb existieren, weil sie Situationen sind, zufällig und nichts anderes."

„Wie zum Beispiel?" sagte Quinny und bereitete sich auf den Angriff vor.

„Nun, ich zitiere einfach einen gewöhnlichen Test, der mir zufällig in den Sinn kommt", sagte Rankin, der seinen Test sorgfältig ausgewählt hatte. „In einer Gruppe von sieben oder acht Personen, wie wir sie hier haben, findet ein Diebstahl statt; ein Mann ist der Dieb – welcher? Ich würde gerne wissen, welche Emotion das interpretiert, und doch ist es sicherlich ein originelles Thema der Grund einer ganzen Literatur."

Diese Herausforderung war wie eine Bombe.

„Nicht dasselbe."

„Detektivgeschichten, bah!"

„Oh, ich sage, Rankin, das ist literarisches Melodram."

Rankin lächelte zufrieden und zwinkerte tommers zu , der am Nebentisch zuhörte.

„ Natürlich ist Ihr Vorschlag insofern unzutreffend, mein lieber Mann", sagte Quinny, der nie nachgab, „insofern ich von Grundlagen spreche und Sie Details zitieren. Dennoch könnte ich auf die Situation antworten, die Sie schildern." „Wie auch die gesamte Schule, zu der es gehört, lässt sich auf das häufigste menschliche Gefühl, die Neugier, zurückführen und darauf, dass die Geschichte von Blaubart und dem Mondstein in jeder Hinsicht identisch ist."

Daraufhin schnappte Steingall , der hoffnungsvoll gewartet hatte, nach Luft und machte Anstalten, den Tisch zu verlassen.

„Ich werde Ihren Einwand aufgreifen", sagte Quinny ohne eine Atempause einzulegen, „erstens, weil Sie eines meiner Lieblingsthemen angesprochen haben, und zweitens, weil es mir die Möglichkeit gibt, darüber zu reden." Er warf Steingall einen Seitenblick zu und zwinkerte De Gollyer zu . „Was ist die besondere Faszination, die das Detektivproblem auf den menschlichen Geist ausübt? Sie werden Neugier sagen. Ja und nein. Geben Sie sofort zu, dass die ganze Kunst einer Detektivgeschichte in der Darstellung des Problems besteht. Das kann jeder . Ich kann es tun. Die Lösung ist nicht banal. Was uns interessiert, ist, dass wir es stundenlang erraten können und in einem Sonntags-Baldachin an der Rätselkolumne herumfummeln. Da haben Sie es, die Detektivgeschichte. Warum weckt sie unsere Neugier? Hier sind sechs Streichhölzer, so dass vier Quadrate vorhanden sind. Wer ist der Dieb? Wessen Gehirn wird seine überlegene Klugheit zeigen? es gibt etwas dazu.

"Das Interessanteste dabei", sagte De Gollyer , "ist, dass Rankin den Grund dafür geliefert hat, warum das Angebot an Kriminalromanen unerschöpflich ist. Es läuft alles auf die einfachsten Begriffe hinaus. Sieben Möglichkeiten, eine Antwort. Es ist eine Formel, lächerlich einfach, mechanisch, und doch werden wir sie immer bis zum Ende verfolgen. Das Wunderbare ist, dass Schriftsteller nach einer anderen Formel suchen, wenn es eine gibt, die so sicher ist, dass sie niemals versagen kann. Bei Gott, ich könnte eine Fabrik darauf aufbauen."

"Der Grund ist", sagte Rankin, "dass diese Situation ständig vorkommt. Es ist eine Situation, in die jeder von uns jederzeit geraten kann. Tatsächlich kenne ich persönlich zwei solche Gelegenheiten, als ich auf der Party war; und es war verdammt unangenehm."

„Was ist passiert?", sagte Steingall .

„Nun, dazu gibt es keine besondere Geschichte. Einmal ist ein Fehler passiert und das andere Mal wurde der wahre Dieb ein Jahr später durch Zufall entdeckt. In beiden Fällen wussten nur einer oder zwei von uns, was passiert war."

De Gollyer konnte sich an einen ähnlichen Vorfall erinnern. Steingall erzählte nach einigem Nachdenken einen anderen, der einem Freund passiert war.

„Natürlich, natürlich, meine lieben Herren", sagte Quinny ungeduldig, denn er hatte zu lange geschwiegen, „Sie verherrlichen Gemeinplätze. Jedes Verbrechen, das sage ich Ihnen, drückt sich in den Begriffen des Bilderrätsels aus, das Sie Ihrem Sechsjährigen vorsetzen. Interessant ist nur die Variation. Die bemerkenswerteste Wendung der Komplexitäten, die entwickelt werden können, ist natürlich der bekannte Fall des Besuchers in einem Club und der seltenen Münze. Natürlich das weiß doch jeder ? Was?"

Rankin lächelte gelangweilt und überlegen, aber die anderen beteuerten ihre Unwissenheit.

„Na, das ist doch allgemein bekannt", sagte Quinny leichthin.

„Ein angesehener Besucher wird in einen Club gebracht – Dutzende Männer, sagen wir, anwesend, beim Abendessen, an einem langen Tisch. Das Gespräch dreht sich schließlich um Kuriositäten und Reliquien. Einer der anwesenden Mitglieder holt dann aus seiner Tasche etwas, das er als eines der seltensten ankündigt Münzen, die es gibt, reichen sie um den Tisch herum, jeder begutachtet sie, und das Gespräch wendet sich einem anderen Thema zu, sagen wir dem Einfluss des Automobils auf häusliches Unglück, oder einem anderen, so wahnsinnig intellektuellen Clubthema – wissen Sie ? Plötzlich ruft der Besitzer nach seiner Münze.

„Die Münze ist nirgends zu finden. Jeder schaut jeden an . Zuerst vermuten sie einen Witz. Dann wird es ernst – die Münze ist immens wertvoll. Wer hat sie genommen?"

„Der Besitzer ist ein Gentleman – macht natürlich die Gentleman-Idiotie, lacht, sagt, er wisse, dass ihm jemand einen Streich spielt und dass die Münze morgen zurückgegeben wird. Die anderen weigern sich, die Situation so zu belassen. Einer Der Mann schlägt vor, dass sie sich alle einer Durchsuchung unterziehen sollen, bis sie den Fremden treffen. Er lehnt ab, ohne einen Grund zu nennen – der Mann kennt ihn nicht besonders gut. aber er ist immer noch ein Gast und versucht ihm klarzumachen, dass es sich nicht um eine Beleidigung handelt, dass der Vorschlag lediglich darin bestand, die Atmosphäre zu säubern, und all diese Art von Blödsinn, wissen Sie.

„‚Ich weigere mich, eine Durchsuchung meiner Person zuzulassen‘, sagt der Fremde, sehr bestimmt, sehr stolz, sehr englisch, wissen Sie, ‚und ich weigere mich, den Grund für mein Vorgehen anzugeben.‘

„Erneutes Schweigen. Die Männer beäugen ihn und schauen sich dann gegenseitig an. Was ist zu tun? Nichts. Es gibt Etikette – diesen prächtigen aufgeblasenen Ballon. Der Besucher hat offensichtlich die Münze – aber er ist ihr Gast und die Etikette schützt ihn. Schöne Situation." , eh?

„Der Tisch wird abgeräumt. Ein Kellner holt eine Obstschale heraus und dort unter der Kante des Tellers, wo sie hingeschoben wurde – liegt die Münze. Banale Erklärung, nicht wahr? Natürlich. Lösungen sollten es immer geben. Auf einmal ist jeder in Hülle und Fülle Entschuldigung! Daraufhin erhebt sich der Besucher und sagt:

„Jetzt kann ich Ihnen den Grund nennen, warum ich mich geweigert habe, durchsucht zu werden. Es sind nur zwei Exemplare der Münze bekannt, und das zweite befindet sich zufällig hier in meiner Westentasche."'

„Natürlich", sagte Quinny mit einem Schulterzucken, „die Geschichte ist gut erfunden, aber die Wendung darin ist sehr schön – wirklich sehr schön."

„Ich kannte die Geschichte", sagte Steingall , um unangenehm zu sein; „Das Ende ist jedoch zu offensichtlich, um erfunden zu werden. Der Besucher hätte nicht eine weitere Münze bei sich haben sollen, sondern etwas völlig anderes, etwas, das, sagen wir, den Ruf einer Frau zerstört, und durch den Zufall hätte eine große Tragödie drohen müssen." Verlegenheit der Münze."

„Ich habe die gleiche Geschichte auf Dutzende verschiedene Arten erzählt", sagte Rankin.

„Es ist hundertmal passiert. Es muss ständig passieren", sagte Steingall .

„Ich kenne einen außergewöhnlichen Fall", sagte Peters, der bis jetzt, sicher in seinem Höhepunkt, mit einem professionellen Lächeln darauf gewartet hatte, dass die großen Geschütze zum Schweigen gebracht worden waren. „Tatsächlich das außergewöhnlichste Beispiel dieser Art, das ich je gehört habe."

„Peters, du kleiner Schlingel", sagte Quinny mit einem Seitenblick, „ich sehe, du hast stillschweigend zugelassen, dass wir die Bühne für dich herrichten."

„Es ist keine Geschichte, die jedem gefallen wird ", sagte Peters, um ihnen Appetit zu machen.

"Warum nicht?"

„Weil du wissen willst, was niemand jemals wissen kann."

„Es hat also keine Schlussfolgerung?"

„Ja und nein. Was eine Frau betrifft, die bemerkenswerteste Frau, die ich je getroffen habe, ist die Geschichte vollständig. Im Übrigen ist sie, was sie ist, denn sie ist ein Beispiel, bei dem die Literatur nichts Besseres kann." als Rekord."

„Kenne ich die Frau?" fragte De Gollyer , der sich schmeichelte, alle Gesellschaftsschichten durchlaufen zu haben.

„Möglicherweise, aber nicht mehr als jeder andere."

"Eine Schauspielerin?"

„Was sie in der Vergangenheit war, weiß ich nicht – ein Promoter würde sie besser beschreiben. Zweifellos war sie bei vielen unsagbaren Intrigen der Geschäftswelt hinter den Kulissen. Eine sehr weibliche Frau, und doch, wie Sie sehen werden." , mit einer ungewöhnlich augenblicklichen männlichen Entscheidungskraft."

„Peters", sagte Quinny und wedelte warnend mit dem Finger, „Sie zerstören Ihre Geschichte. Ihr Vorwort wird einen Höhepunkt bringen."

„Sie werden urteilen", sagte Peters, der wartete, bis sein Publikum angespannt war, bevor er seine Geschichte begann. „Die Namen sind natürlich Verschleierungen."

Mrs. Rita Kildair bewohnte ein charmantes, sehr elegantes Junggesellen-Studio im Duplex-Stil in einem der Gebäude direkt am Central Park West. Sie kannte so gut wie jeden in dieser unbeschreiblichen New Yorker Gesellschaft, die sich aus allen Ebenen zusammensetzt und für deren Mitgliedschaft nur eine Bedingung gilt: amüsant zu sein. Sie kannte jeden und niemand kannte sie. Niemand wusste bis auf die vagesten Gerüchte über ihre Vergangenheit oder ihr Vermögen Bescheid. Niemand hatte jemals von einem Mr. Kildair gehört . Sie hatte stets eine gewisse Abwehrhaltung, sobald die Grenzen der Bekanntschaft erreicht waren. Sie verfügte über eine gewisse Menge Geld, sie kannte eine gewisse Anzahl von Männern, die in Wall-Street-Angelegenheiten tätig waren, und ihr Atelier war geschmackvoll und sogar vornehm eingerichtet. Sie war in jedem Alter. Sie könnte alles oder gar nichts erlitten haben. In dieser gemischten Gesellschaft wurden ihre Einladungen eifrig angenommen, ihre Abendessen waren spontan und die Diskussionen, obwohl fröhlich und meist gewagt, standen stets unter der Kontrolle von Witz und gutem Geschmack.

Am Sonntagabend dieses Abenteuers hatte sie, wie immer üblich, ihren japanischen Butler weggeschickt und sieben ihrer sympathischeren Freunde zu einem zwanglosen Chafing-Dish-Abendessen eingeladen, allesamt, soweit man über irgendjemanden sagen konnte , waren Stammgäste des Ateliers.

Um sieben Uhr, nachdem sie sich fertig angezogen hatte, richtete sie ihr Schlafzimmer auf, das eine Art freien Durchgang zwischen dem Atelier und einem kleinen Esszimmer zur dahinter liegenden Küche bildete. Dann ging sie ins Atelier, zündete eine Wachskerze an und war gerade dabei, die Messingleuchter anzuzünden, die den Raum erleuchteten, als es dreimal an der Tür klopfte und ein Mr. Flanders, ein Makler, kompakt, nervös, lebhaft und gepflegt, auftauchte , eingegangen mit der Ungezwungenheit einer gesicherten Bekanntschaft.

„Sie sind zu früh dran", sagte Mrs. Kildair überrascht.

„Im Gegenteil, Sie sind spät", sagte der Makler und blickte auf seine Uhr.

„Dann sei ein braver Junge und hilf mir mit den Kerzen", sagte sie, lächelte ihn an und drückte schnell mit ihren Fingern.

Er gehorchte und fragte lässig:

„Ich sage, liebe Dame, wer wird heute Abend hier sein?"

„Die Enos Jacksons."

„Ich dachte, sie wären getrennt."

"Noch nicht."

„Sehr interessant! Nur Sie, liebe Dame, wären auf die Idee gekommen, uns kurz davor ein paar zu servieren."

„Es ist interessant, nicht wahr?"

„Sicher. Woher kannten Sie Jackson?"

„Durch die Warings . Jackson ist eine ziemlich zweifelhafte Person, nicht wahr?"

„Nennen wir ihn einen sehr scharfsinnigen Anwalt", sagte Flanders abwehrend. „Sie sagen mir jedoch, dass er auf der falschen Seite des Marktes steht – tiefgreifend."

"Und du?"

„Oh, ich? Ich bin Junggeselle", sagte er mit einem Schulterzucken, „und wenn ich als Freiberufler komme , macht das keinen Unterschied."

"Ist das möglich?" sagte sie und sah ihn schnell an.

„Wahrscheinlich sogar. Und wer kommt sonst noch?"

„Maude Lille – kennen Sie sie?"

"Ich denke nicht."

„Sie haben sie hier getroffen – eine Journalistin."

„Ganz recht, eine seltsame Karriere."

„Mr. Harris, ein Clubmitglied, kommt und die Stanley Cheevers."

„Die Stanley Cheevers!", sagte Flanders etwas überrascht. „Wollen wir wetten?"

„Sie glauben an den Bridge-Skandal?"

"Sicher nicht", sagte Flanders lächelnd. "Ich war nämlich dabei. Die Cheevers spielen ein gutes Spiel, ein gut eingespieltes Spiel und haben ein ungewöhnliches System. Übrigens ist es Jackson, der Mrs. Cheever gegenüber sehr aufmerksam ist, nicht wahr?"

"Ganz recht."

„Was für eine bezaubernde Party", sagte Flanders leichtfertig. „Und was hat Maude Lille damit zu tun?"

„Machen Sie keine Witze. Es geht ihr sehr schlecht", sagte Mrs. Kildair mit ein wenig Traurigkeit in den Augen.

„Und Harris?"

„Oh, er soll den Salat machen und das Hähnchen schaumig schlagen."

„Ah, ich sehe die ganze Partei. Ich muss natürlich das Element der Seriosität hinzufügen."

"Von was?"

Sie sah ihn fest an, bis er sich abwandte und den Blick senkte.

„Sei kein Arsch zu mir, mein lieber Flanders."

„Bei George, wenn dies Europa wäre , würde ich wetten, dass Sie beim Geheimdienst wären, Mrs. Kildair ."

"Danke schön."

Sie lächelte anerkennend, ging im Studio umher und gab den letzten Handgriff. Der Stanley Cheevers trat ein, ein kleiner, dicker Mann mit leerem, fettem Gesicht und einem sich langsam bewegenden Auge, und seine Frau, gesprächig, nervös, overdressed und hübsch. Mr. Harris kam mit Maude Lille, einer glatten, dunklen Inderin mit einer Menge düsterem Haar, das ein wenig zu locker für ordentliches Haar gehalten war, mit dicken, flinken Lippen und Augen, die von der Person wegrollten, die mit ihr sprach . Die Enos Jacksons kamen zu spät und waren immer noch aufgeregt, als sie eintraten. Seine Stirn hatte den finsteren Blick nicht ganz vertreiben können, und auch ihre Augen hatten den Spott nicht ganz verdrängt. Er gehörte zu dem Typ, der nie die Beherrschung verlor, aber andere dazu brachte, die Beherrschung zu verlieren, unerschütterlich in seinen Ansichten, mit einem schleichenden Gang, einem einstudierten Antagonismus in seinem Benehmen und einem frechen Blick, der sich zielsicher auf die Schwäche der Person konzentrierte, der er gegenüberstand wen er sprach. Mrs. Jackson, die mit einer unsichtbaren Leine an ihren Mann gebunden zu sein schien, hatte einen gehetzten, widerstrebenden Charakter und eine gewisse Verzweiflung, die sie in ihrer Einstellung zum Leben eher annahm als spürte. Man blickte sie neugierig an und fragte sich, was solch eine Natur in einer Krise tun würde, mit dem lauernden Gefühl einer Frau, die ihre eigene drohende Tragödie mit sich herumtrug.

Sobald die Gesellschaft vervollständigt war und man die Unstimmigkeit der Auswahl erkannte, machte ein Lächeln boshafter Erwartung die Runde, das die Gastgeberin mit den Worten unterbrach:

„So, jetzt, da alle da sind, ist dies die Tagesordnung: Ihr könnt streiten, so viel ihr wollt, ihr könnt so viel Klatsch übereinander flüstern, wie ihr wollt, aber jeder soll sich amüsieren! Außerdem jeder soll beim Abendessen helfen – nichts Formelles und nichts Ernstes. Wir können morgen alle bankrott, geschieden oder tot sein, aber heute Abend werden wir fröhlich sein – das ist die unveränderliche Regel des Hauses!"

Sofort brach nervöses Gelächter aus und das Geplapper der Gesellschaft begann sich in den Räumen zu verbreiten.

Mrs. Kildair blieb in ihrem Schlafzimmer stehen, zog eine Watteau-ähnliche Kochschürze an, ließ ihre Ringe von den Fingern gleiten und befestigte alle drei mit einer Hutnadel an ihrem Nadelkissen.

„Deine Ringe sind wunderschön, Liebling, wunderschön", sagte die leise Stimme von Maude Lille, die mit Harris und Mrs. Cheever im Zimmer war.

„Es gibt nur einen, der sehr wertvoll ist", sagte Mrs. Kildair und berührte mit ihren dünnen Fingern den Ring, der zuoberst lag, zwei große Diamanten, die einen prächtigen Saphir flankierten.

„Es ist wunderschön – sehr schön", sagte die Journalistin und blickte mit unbändiger Faszination darauf. Sie streckte ihre Finger aus und ließ sie zärtlich auf dem Saphir ruhen, zog sie dann aber schnell wieder zurück, als hätte sie sich bei der Berührung verbrannt.

„Er muss sehr wertvoll sein", sagte sie und stockte ein wenig der Atem. Mrs. Cheever trat vor und sah plötzlich auf den Ring.

"Es hat vor sechs Jahren fünftausend gekostet", sagte Mrs. Kildair und blickte darauf hinunter. "Seitdem ist es mein Talisman. Im Moment bin ich jedoch die Köchin; Maude Lille, Sie sind das Küchenmädchen; Harris ist der Küchenchef und wir stehen unter seiner Leitung. Mrs. Cheever, haben Sie jemals Zwiebeln geschält?"

„Um Himmels Willen, nein!", sagte Mrs. Cheever zurückweichend.

„Na ja, es gibt ja keine Zwiebeln zu schälen", sagte Mrs. Kildair lachend. „Du brauchst nur beim Tischdecken zu helfen. Auf in die Küche!"

Führung ihrer Gastgeberin begannen die sieben Gäste geschäftig durch die Räume zu gehen, den Tisch zu decken, die Stühle zu gruppieren, Flaschen zu öffnen und das Material für die Chafing Dishes vorzubereiten. Mrs. Kildair durchwühlte in der Küche die Kühlbox, hackte mit ihren eigenen Händen die *feinen Kräuter*, zerkleinerte das Hähnchen und maß die Sahne ab.

„Flanders, tragen Sie das vorsichtig hinein", sagte sie, die Hände in einem Handtuch. „Cheever, hör auf, auf deine Frau aufzupassen, und stell die Salatschüssel auf den Tisch. Alles bereit, Harris? Alles klar. Setzt euch alle. Ich bin gleich da."

Sie ging in ihr Schlafzimmer, legte ihre Schürze ab und hängte sie in den Schrank. Dann ging sie zu ihrem Frisiertisch, zog die Hutnadel aus dem

Nadelkissen und steckte sich achtlos die Ringe an die Finger. Plötzlich runzelte sie die Stirn und blickte schnell auf ihre Hand. Es waren nur zwei Ringe vorhanden, der dritte Ring, der mit dem Saphir und den beiden Diamanten, fehlte.

„Dumm", sagte sie sich und kehrte zu ihrem Schminktisch zurück. Plötzlich blieb sie stehen. Sie erinnerte sich noch genau daran, wie sie die Nadel durch die drei Ringe steckte.

Sie machte keinen Versuch, weiter zu suchen, sondern blieb regungslos stehen, trommelte langsam mit den Fingern auf dem Tisch, den Kopf schief, die Lippe ein wenig zwischen die Zähne gezogen, und lauschte stirnrunzelnd dem Geplapper aus dem Vorzimmer. Wer hatte den Ring genommen? Jeder ihrer Gäste hatte im Laufe der Zeit, in der sie in der Küche beschäftigt war, ein Dutzend Gelegenheiten gehabt.

„Zu viel Zeit vor dem Spiegel, liebe Dame", rief Flanders fröhlich, der sie von seinem Platz aus sehen konnte.

„Er ist es nicht", sagte sie schnell. Dann überlegte sie es sich noch einmal. „Warum nicht? Er ist schlau – wer weiß? Lass mich nachdenken."

Um Zeit zu gewinnen, ging sie langsam mit gesenktem Kopf und dem Daumen zwischen den Zähnen zurück in die Küche.

„Wer hat es genommen?"

Sie ging den Charakter ihrer Gäste und ihre Situationen, wie sie sie kannte, durch. Seltsamerweise hielten ihre Gedanken bei jedem Mal inne, weil sie einen Grund hatte, der eine plötzliche Versuchung erklären könnte.

„Auf diese Weise werde ich nichts herausfinden", sagte sie sich nach kurzem Überlegen; „Das ist mir im Moment nicht das Wichtigste. Das Wichtigste ist, den Ring zurückzubekommen."

Und langsam und bedächtig begann sie, vor und zurück zu gehen, wobei ihre geballte Hand den bedachten rhythmischen Takt ihrer Reise schlug.

Fünf Minuten später, als Harris, der *als Oberkellner* am Chalk Dish eingesetzt war, mit erhobenem Löffel Anweisungen gab, betrat Mrs. Kildair wie ein länger werdender Schatten den Raum. Ihr Eintreten war mit kaum wahrnehmbarem Geräusch erfolgt, und doch war jeder Gast sich dessen im selben Moment bewusst und zuckte leicht nervös zusammen.

„Meine Güte, meine Dame", rief Flanders, „Sie überfallen uns wie eine griechische Tragödie! Was haben Sie für uns, eine Überraschung?"

Während er sprach, richtete sie ihren raschen Blick auf ihn und zog die Stirn zusammen, bis die Augenbrauen eine gerade Linie bildeten.

„Ich habe Ihnen etwas zu sagen", sagte sie scharf und sachlich und beobachtete die Gesellschaft mit durchdringender Begierde.

Der Ernst ihrer Stimme war unverkennbar. Mr. Harris löschte die Öllampe und bedeckte unbeholfen mit einem misstönenden, unangenehmen Geräusch den Chafing Dish. Mrs. Cheever und Mrs. Enos Jackson drehten sich abrupt um, Maude Lille erhob sich ein wenig von ihrem Sitz, während die Männer diese erwartungsvollen Bewegungen mit einem unbeholfenen Schlurfen der Füße nachahmten.

„Herr Enos Jackson?"

„Ja, Frau Kildair ."

„Bitte tun Sie, worum ich Sie bitte."

"Sicherlich."

Sie hatte seinen Namen mit einer gebieterischen Bestimmtheit ausgesprochen, die fast anklagend klang. Er erhob sich ruhig und hob überrascht ein wenig die Augenbrauen.

„Geh zur Tür", fuhr sie fort und richtete ihren Blick von ihm auf die anderen. „Sind Sie da? Schließen Sie ab. Bringen Sie mir den Schlüssel."

Er führte den Befehl aus, ohne zu stümpern, und als er zurückkam, stand er vor ihr und reichte ihr den Schlüssel.

„Du hast es abgeschlossen?" sagte sie und nutzte die Worte als Vorwand, um ihren Blick in seinem zu vergraben.

„Wie du es von mir gewünscht hast."

"Danke."

Sie nahm ihm den Schlüssel ab und schloss mit einer leichten Bewegung ebenfalls die Tür zu ihrem Schlafzimmer ab, durch die sie gekommen war.

Dann übergab sie ihr die Schlüssel in die linke Hand, schien sich Jacksons nicht bewusst zu sein, der immer noch auf ihre weiteren Befehle wartete, und studierte einen Moment lang die Möglichkeiten der Wohnung.

„Mr. Cheever?" sagte sie mit leiser Stimme.

„Ja, Frau Kildair ."

„Blas alle Kerzen außer dem Leuchter auf dem Tisch aus."

„Machen Sie das Licht aus, Mrs. Kildair ?"

"Auf einmal."

Als Mr. Cheever aufstand, erwiderte er den Blick seiner Frau, und der fragende und verwunderte Blick, der vorüberging, entging der Gastgeberin nicht.

„Aber, meine liebe Mrs. Kildair ", sagte Mrs. Jackson und hielt leicht nervös den Atem an, „was ist los? Ich bin furchtbar aufgeregt! Meine Nerven –"

„Fräulein Lille?" sagte die Befehlsstimme.

"Ja."

Die Journalistin, ruhiger als die anderen, hatte die Vorgänge ohne Überraschung verfolgt, als hätte sie ihr professioneller Instinkt gewarnt, dass etwas Wichtiges passieren würde. Jetzt erhob sie sich leise mit einer fast verstohlenen Bewegung.

„Stellen Sie den Kerzenleuchter auf diesen Tisch – hier", sagte Mrs. Kildair und deutete auf einen großen runden Tisch, auf dem ein paar Bücher lagen. „Nein, warten Sie. Mr. Jackson, räumen Sie erst den Tisch ab. Ich möchte nichts darauf haben."

„Aber, Mrs. Kildair –", begann Mrs. Jacksons schrille Stimme erneut.

„Das ist es. Jetzt stell den Kerzenleuchter weg."

Einen Moment später, während Mr. Cheever methodisch seinen Auftrag erledigte, erlosch das grelle Lichtkreuzfeuer im Studio. Nur ein paar glimmende Dochte flackerten an den Wänden, während der hohe Raum sich zu entfernen schien, da er allein unter die Herrschaft der drei in silbernen Klammern am Kopfende des kahlen Mahagonitischs stehenden Kerzen geriet.

„Jetzt hören Sie mal zu!", sagte Mrs. Kildair , und ihre Stimme hatte einen kalten Unterton. „Mein Saphirring wurde gerade gestohlen."

Sie sagte es plötzlich, schleuderte ihnen die Neuigkeiten in die Hände und wartete wie ein Frettchen auf irgendwelche Hinweise in dem Chor, der daraufhin ausbrach.

"Gestohlen!"

„Oh, meine liebe Frau Kildair !"

„Gestohlen – beim Himmel!"

„Das meinst du nicht ernst!"

„Was? Hier gestohlen – heute Nacht?"

„Der Ring wurde innerhalb der letzten zwanzig Minuten gestohlen", fuhr Mrs. Kildair in demselben entschlossenen, kantigen Ton fort. „Ich werde kein Blatt vor den Mund nehmen. Der Ring wurde gestohlen und der Dieb ist unter euch."

Einen Moment lang war nichts zu hören außer einem unbeschreiblichen Keuchen und einem plötzlichen Umdrehen und Suchen, dann brach plötzlich Cheevers tiefer Bass aus:

„Gestohlen! Aber, Mrs. Kildair , ist das möglich?"

„Genau. Es besteht nicht der geringste Zweifel", sagte Mrs. Kildair . „Drei von Ihnen waren in meinem Schlafzimmer, als ich meine Ringe auf das Nadelkissen legte. Jeder von Ihnen ist seitdem ein Dutzend Mal dort vorbeigekommen. Mein Saphirring ist weg, und einer von Ihnen hat ihn mitgenommen."

Mrs. Jackson stieß einen kleinen Schrei aus und griff schwerfällig nach einem Glas Wasser. Mrs. Cheever stieß in einem Ausbruch männlicher Ausrufe etwas Unverständliches aus. Man konnte nur Maude Lilles ruhige Stimme hören, die sagte:

„Das stimmt. Ich war im Zimmer, als du sie ausgezogen hast. Der Saphirring lag oben drauf."

"Hör zu!" sagte Mrs. Kildair , ihr Blick auf Maude Lilles Augen gerichtet. „Ich werde kein Blatt vor den Mund nehmen. Ich werde mich nicht auf Zeremonien verlassen. Ich werde diesen Ring zurückbekommen. Hören Sie mir gut zu. Ich werde diesen Ring zurückbekommen, und bis ich das tue, nicht Seele soll diesen Raum verlassen. Sie klopfte mit ihren nervösen Fingerknöcheln auf den Tisch. „Wer ihn genommen hat, ist mir egal. Alles, was ich will, ist mein Ring. Jetzt werde ich es demjenigen ermöglichen, der ihn gestohlen hat, ohne dass er entdeckt werden kann. Die Türen sind verschlossen und bleiben verschlossen. Ich Ich werde die Lichter ausmachen und langsam einhundert zählen. Niemand wird wissen oder sehen, was geschehen ist Ich werde die Polizei anrufen und jeden in diesem Raum durchsuchen lassen.

Plötzlich unterbrach sie ihren nervösen Ausbruch von Vorschlägen und fuhr mit derselben festen Stimme fort:

" Alle seinen Platz am Tisch einnehmen . Das ist alles. Das reicht."

Mit Ausnahme der undurchschaubaren Maude Lille blickten die Frauen hysterisch von Gesicht zu Gesicht, während die Männer ihre Finger verschränkten, ineinander verschränkten oder sich ans Kinn fassten und ihre Gastgeberin unverwandt ansahen.

Mrs. Kildair sich in aller Ruhe davon überzeugt hatte, dass alles so angeordnet war, wie sie es wünschte, blies sie zwei der drei Kerzen aus.

„Ich werde hundert zählen, nicht mehr und nicht weniger", sagte sie. „Entweder bekomme ich den Ring zurück, oder jeder in diesem Raum wird durchsucht, denken Sie daran."

Sie beugte sich vor, blies die restliche Kerze aus und löschte sie aus.

"Eins zwei drei vier fünf-"

Sie begann mit der unaufhaltsamen Regelmäßigkeit des Tickens einer Uhr zu zählen.

Im Raum war jedes Geräusch deutlich zu hören: das Rascheln eines Kleides, das Knirschen eines Schuhs, das tiefe, leicht asthmatische Atmen eines Mannes.

„Zwanzig, einundzwanzig, zweiundzwanzig, dreiundzwanzig –"

Sie zählte weiter, während in dem methodischen, gleichbleibenden Ton ihrer Stimme eine krächzende Wiederholung zu hören war, die die Gesellschaft zu beeinflussen begann. Man hörte einen leichten, unkontrollierbaren, fast hysterischen Atemzug und einen Mann, der sich nervös räusperte.

„Fünfundvierzig, sechsundvierzig, siebenundvierzig –"

Es war immer noch nichts passiert. Mrs. Kildair veränderte ihr Taktmaß nicht im Geringsten, nur der Klang wurde metallischer.

„Sechsundsechzig, siebenundsechzig, achtundsechzig, neunundsechzig und siebzig –"

Jemand hatte geseufzt.

„Dreiundsiebzig, vierundsiebzig, fünfundsiebzig, sechsundsiebzig, siebenundsiebzig –"

Plötzlich war klar und unverkennbar auf der hallenden Tischfläche ein leichter metallischer Ton zu hören.

"Der Ring!"

Es war Maude Lilles schnelle Stimme, die gesprochen hatte. Mrs. Kildair zählte weiter.

„Neunundachtzig, neunzig, einundneunzig –"

Die Spannung wurde unerträglich. Zwei oder drei Stimmen protestierten gegen die unnötige Verlängerung der Folter.

„Sechsundneunzig, siebenundneunzig, achtundneunzig, neunundneunzig und einhundert."

In Mrs. Kildairs Hand flackerte ein Streichholz, und in diesem Moment reckte sich die Gruppe nach vorn. In der Mitte des Tisches befand sich der funkelnde Saphir- und Diamantring. Kerzen wurden angezündet und leuchteten wie Scheinwerfer auf den weißen, anklagenden Gesichtern.

„Mr. Cheever, Sie können es mir geben", sagte Mrs. Kildair . Sie streckte ohne zu zittern die Hand aus, ein Lächeln des Triumphs auf ihrem Gesicht, das für einen Moment einen Ausdruck geradezu Grausamkeit in sich trug.

Sofort veränderte sie sich, betrachtete amüsiert das Entsetzen ihrer Gäste, starrte blind von einem zum anderen, sah den undefinierbaren fragenden Blick, der von Cheever zu Mrs. Cheever, von Mrs. Jackson zu ihrem Ehemann wanderte, und dann sagte sie ohne Emotionen:

„Jetzt, wo das vorbei ist , können wir ein sehr fröhliches kleines Abendessen genießen."

Als Peters seinen Stuhl zurückschob, zufrieden mit der Stille eines schwierigen Publikums, wie es nur ein erfahrener Erzähler sein kann, und sich mit einer Zigarre beschäftigte, gab es sofort einen Aufschrei.

„Ich sage, Peters, alter Junge, das ist noch nicht alles!"

"Absolut."

„Die Geschichte endet dort?"

„Damit ist die Geschichte zu Ende."

„Aber wer hat den Ring genommen?"

Peters streckte seine Hände in einer leeren Geste aus.

„Was! Es wurde nie herausgefunden?"

"Niemals."

"Keine Ahnung?"

"Keiner."

„Mir gefällt die Geschichte nicht", sagte De Gollyer .

„Das ist überhaupt keine Geschichte", sagte Steingall .

„Erlauben Sie", sagte Quinny auf didaktische Weise, „es ist eine Geschichte, und sie ist vollständig. Tatsächlich halte ich sie für einzigartig, weil sie keine der Banalitäten einer Lösung enthält und das Problem sogar noch verwirrender hinterlässt als zu Beginn."

„Ich verstehe nicht –", begann Rankin.

„ Natürlich nicht, mein lieber Mann", sagte Quinny vernichtend. „Sie sehen nicht, dass jede Lösung alltäglich wäre, während keine Lösung ein außergewöhnliches intellektuelles Problem hinterlässt."

"Wie so?"

„Erstens", sagte Quinny und bereitete sich darauf vor, das Thema anzuhängen, „ob die Situation tatsächlich stattgefunden hat oder nicht, was an sich eine bloße Trivialität ist, Peters hat sie auf meisterhafte Weise konstruiert, und der Beweis dafür ist, dass er es getan hat." Beachten Sie, dass jede der Anwesenden den Ring genommen haben könnte – Flanders, eine Maklerin, eine Frau auf der zerlumpten Seite des Lebens, die entweder von Mr. und Mrs. Cheever verdächtigt wurde als Kartenleser – sehr gut, dass sich der Mann und die Frau am Ende unwillkürlich ansahen – Mr. Enos Jackson, ein kluger Anwalt, oder seine Frau, die kurz vor der Scheidung stand, sehr geschickt; , Peters hat überhaupt nichts gesagt, was ihn am misstrauischsten machen würde. Es gibt daher sieben Lösungen, alle möglich und alle logisch. Aber darüber hinaus bleibt ein großes intellektuelles Problem.

"Wie so?"

„War es eine weibliche oder eine männliche Handlung, den Ring zurückzugeben, als eine Durchsuchung drohte, wohlwissend, dass Mrs. Kildairs cleveres Mittel, den Raum im Dunkeln zu lassen, eine Entdeckung unmöglich machte? War es eine Frau, der der nötige Mut fehlte, um weiterzumachen, oder ..." War es ein Mann, der seinen ersten Impuls bereute? Ist ein Mann oder eine Frau der größere Naturverbrecher?"

„Eine Frau hat es natürlich genommen", sagte Rankin.

„Im Gegenteil, es war ein Mann", sagte Steingall , „denn die zweite Aktion war schwieriger als die erste."

„Auf jeden Fall ein Mann", sagte De Gollyer . „Die Restaurierung des Rings war eine logische Entscheidung."

„Sehen Sie", sagte Quinny triumphierend, „persönlich neige ich zu einer Frau, weil eine schwächere weibliche Natur besonders anfällig für die Dominanz ihres eigenen Geschlechts ist. Da haben Sie es. Wir könnten uns Jahr für Jahr treffen und über dieses Thema diskutieren und würden nie einer Meinung sein."

"Ich erkenne die meisten Charaktere", sagte De Gollyer mit einem kleinen vertraulichen Lächeln in Richtung Peters. "Mrs. Kildair ist natürlich alles, was Sie über sie sagen - eine außergewöhnliche Frau. Die Geschichte ist ganz charakteristisch für sie. Flanders bin ich mir nicht sicher, aber ich glaube, ich kenne ihn."

„Ist das wirklich passiert?“, fragte Rankin, der immer einen alltäglichen Standpunkt einnahm.

„Genau so, wie ich es erzählt habe “, sagte Peters.

„Der Einzige, den ich nicht erkenne, ist Harris“, sagte De Gollyer nachdenklich.

„Euer bescheidener Diener“, sagte Peters lächelnd.

Die vier blickten plötzlich erschrocken auf.

"Was!" sagte Quinny plötzlich verwirrt. „Du – du warst dort?“

"Ich war dort."

Die vier sahen ihn weiterhin wortlos an, jeder war in seine eigenen Gedanken versunken und fühlte sich plötzlich unwohl.

Ein Clubmitarbeiter mit einem Telefonzettel auf einem Tablett blieb neben Peters stehen. Er entschuldigte sich, ging die Veranda entlang und nickte von Tisch zu Tisch.

„Merkwürdiger Kerl“, sagte De Gollyer nachdenklich.

"Außergewöhnlich."

Das Wort war wie ein Murmeln in der Vierergruppe, die schweigend und ohne einander anzusehen mit einer gewissen Unbehaglichkeit zusah, wie Peters' schlanke Gestalt verschwand.

EINE KOMÖDIE FÜR EHEFRAUEN

Um halb sechs von der Wall Street betrat Jack Lightbody seine Wohnung, rief seine Frau beim Namen und erhielt keine Antwort.

„Hallo, das ist lustig", dachte er und fragte das Dienstmädchen, indem er klingelte: „Ist Mrs. Lightbody ausgegangen?"

„Vor etwa einer Stunde, Sir."

„Das ist seltsam. Hat sie eine Nachricht hinterlassen?"

"Nein Sir."

„Das sieht ihr nicht ähnlich. Ich frage mich, was passiert ist."

In diesem Moment fiel sein Blick auf eine offene Hutschachtel von riesigen Ausmaßen, die einen dünnen Tisch im Wohnzimmer überschattete.

"Wann ist das passiert?"

„Ungefähr vier Uhr, Sir."

Er ging hinein und spähte mit einem Lächeln der Zufriedenheit und des Verständnisses in die leere Schachtel.

„Das ist es, sie ist losgerannt, um es jemandem zu zeigen " , sagte er mit einem halb rachsüchtigen Blick auf die Schachtel. „Nun, es hat 175 Dollar gekostet, und ich bekomme meinen Winteranzug nicht, aber ich habe ein bisschen Ruhe."

Er ging in sein Zimmer und bereitete sich rebellisch darauf vor, sich für das Abendessen und das Theater anzuziehen, zu dem er beordert worden war.

„Meine Güte, wenn ich zu spät zurückkäme, würde ich es dann nicht mitbekommen?", sagte er etwas gereizt, schlüpfte in seinen Abendanzug und betrachtete kritisch sein eher verhaltenes Spiegelbild im Glas. „Jim sagt mir, ich stecke in einem Trott fest, bin mittleren Alters und zeige die Abnutzung. Vielleicht." Er rieb sich mit der Hand über die faltige Wange und runzelte die Stirn. „Ich bin ein bisschen abgeschweift – sesshaftes Leben – sechs Jahre. Das beruhigt einen wirklich. Hallo! Viertel vor sieben. Sehr seltsam!"

Er schlüpfte in den lila Morgenmantel, den man ihm an seinem letzten Geburtstag übergestreift hatte, und ging unbehaglich zurück ins Esszimmer.

„Warum ruft sie nicht an?", dachte er. „Es ist ihre eigene Party, eines dieser teuflischen Problemspiele, die ich verabscheue. Ich wollte nicht hingehen."

Die Tür öffnete sich und das Zimmermädchen trat ein. Auf dem Tablett lag ein Brief.

„Für mich?", sagte er überrascht. „Per Boten?"

"Jawohl."

Er unterschrieb den Zettel und warf dabei einen Blick auf den Umschlag. Es war die Handschrift seiner Frau.

„Margaret!", sagte er plötzlich.

"Jawohl."

„Der Junge wartet auf eine Antwort, nicht wahr?"

"Nein Sir."

Er stand einen Moment in völliger Unruhe da, bis er plötzlich merkte, dass sie wartete, und sie mit einem knappen Wort entließ:

"Oh, sehr gut."

Dann blieb er am Tisch stehen, betrachtete den Umschlag, den er nicht öffnete, und hörte das Geräusch der sich schließenden Außentür und das Vorbeigehen des Zimmermädchens im Flur.

„Warum hat sie nicht angerufen?", sagte er laut und langsam.

Er sah sich den Brief noch einmal an. Er hatte keinen Fehler gemacht. Es war von seiner Frau.

„Wenn sie aus einer Laune heraus wieder weggeht", sagte er wütend, „bei George, ich werde das nicht dulden."

Dann steckte er achtlos einen Finger hinein, brach den Umschlag auf und warf einen hastigen Blick auf den Brief:

Meine liebe Jackie:

das gelesen hast, werde ich dich für immer verlassen haben. Vergiss mich und

versuche zu vergeben. In den sechs Jahren, die wir zusammen gelebt haben, haben Sie es getan

war immer nett zu mir. Aber Jack, es gibt etwas, das wir nicht geben können

oder wegnehmen, und weil jemand gekommen ist, der das gewonnen hat, bin ich es

dich verlassen. Es tut mir leid, Jackie, es tut mir leid.

Irene.

Als er dies einmal ungläubig gelesen hatte, las er es sofort noch einmal, näherte sich der Lampe, legte sie auf den Tisch und drückte seine Fäuste gegen seine Schläfe, um seinen ganzen Geist zu konzentrieren.

„Das ist ein Witz", sagte er laut.

Er stand auf, stolperte ein wenig und stützte sich mit seinem Arm auf, lehnte sich an die Wand, ging in ihr Zimmer und öffnete die Schublade, in der sich ihr Schmuckkästchen befinden sollte. Es war weg.

„Dann ist es wahr", sagte er feierlich. „Es ist zu Ende. Was soll ich tun?"

Er ging zu ihrem Kleiderschrank, blickte auf die freien Haken und wiederholte:

"Was soll ich tun?"

Er ging langsam zurück ins Wohnzimmer zum Schreibtisch neben der Lampe, wo das hasserfüllte Ding zu ihm hochstarrte.

"Was soll ich tun?"

Plötzlich schlug er mit der Faust auf den Schreibtisch und ein Schrei brach aus ihm heraus:

„Entehrt – ich bin entehrt!"

Sein Kopf wurde heiß, sein Atem ging kurz und keuchend vor Wut. Er schlug den Brief immer wieder, und dann begann er plötzlich hektisch hin und her zu rennen und wiederholte:

„Entehrt – entehrt!"

Plötzlich überkam ihn mit einem eiskalten Schauer ein Moment der Klarheit. Er blieb stehen, ging zum Telefon, rief den Racquet Club an und sagte:

„Mr. De Gollyer ans Telefon."

Dann schaute er auf seine Hand und stellte fest, dass er immer noch eine vergessene Haarbürste umklammerte. Mit einem Schrei über die Groteske des Dings warf er es von sich und sah zu, wie es über den polierten Boden hüpfte. Die Stimme von De Gollyer rief ihn.

„Bist du das, Jim?", sagte er und fasste sich. „Komm – komm sofort zu mir – schnell!"

Mehr hätte er nicht sagen können. Er ließ den Hörer fallen, warf den Hörer um und begann wieder, wie eingesperrt im Raum auf und ab zu gehen.

Zehn Minuten später schlich De Gollyer nervös ins Zimmer. Er war ein flinker, instinktiver Spürhund, für dessen Augen das verborgene Leben der Stadt keine Geheimnisse barg; der die Schatten, die auf der Straße dahinglitten, ebenso verstand wie die Masken, die in luxuriösen Kutschen vorbeifuhren. Mit einem Blick hatte er die Unordnung im Zimmer und die Aufregung seines Freundes erfasst. Er trat einen Schritt vor, balancierte seinen Hut auf dem Schreibtisch, bemerkte den zerknitterten Brief, räusperte sich und trat zurück, stirnrunzelnd und wachsam, auf jede Situation vorbereitet.

Lightbody schien seine Ankunft nicht zu bemerken und setzte seine blinde Reise fort. Von Zeit zu Zeit presste er seine Fäuste gegen seine Kehle, um den Überfluss an Emotionen zu unterdrücken, der in den letzten Minuten seine Wahrnehmung betäubt und ihn träge gegen einen ausdruckslosen Schmerz kämpfen ließ. Plötzlich blieb er stehen, breitete die Arme aus und rief:

"Sie ist gegangen!"

De Gollyer erkannte die Situation nicht sofort.

„Weg! Wer ist weg?“, sagte er und bewegte nervös und ruckartig den Kopf, während er sofort den Blick durch die Tür schweifen ließ, um sich zu vergewissern, dass keine dritte Person anwesend war.

Doch Lightbody, der sich außer seiner eigenen tiefen Trauer nichts bewusst war, hin und her geworfen hatte und mechanisch und mit zunehmendem *Stakkato wiederholte* :

"Weg weg!"

"Wer wo?"

Mit einer plötzlichen Bewegung packte De Gollyer seinen Freund an der Schulter, sah ihn wie ein ungezogenes Kind an und rief: „Hier, ich sage, alter Junge, mach dich bereit! Wirf deine Schultern zurück – atme tief durch!“

Mit einem heftigen Ruck befreite sich Lightbody, während er eine Hand flehend nach hinten warf und um Zeit flehte, die Emotionen zu meistern, die in dem Schrei ausbrachen:

"Für immer verschwunden!"

"Von Jove!" sagte De Gollyer , plötzlich erleuchtet, und durch seinen Kopf schoss der Gedanke: „Es hat einen Unfall gegeben – etwas Tödliches. Hart – teuflisch hart.“

Er warf einen verstohlenen Blick in Richtung der Schlafzimmer und dann einen erschrockenen Blick auf seinen Freund, der in der Fensternische stand und seine Stirn gegen die Scheiben drückte.

Plötzlich drehte sich Lightbody um, ging abrupt zum Schreibtisch, stützte sich schwer auf einen Arm und hob den Brief in zwei vergeblichen Versuchen hoch. Ein Schmerzkrampf lief über seine Lippen, der allein nicht unter Kontrolle gebracht werden konnte. Er drehte hastig den Kopf, halb bot er den Brief an, halb ließ er ihn fallen, drehte sich um und ging zu einem Sessel, wo er zusammenbrach und unartikuliert wiederholte:

"Für immer!"

„Wer? Was? Wer ist weg?" rief De Gollyer aus , verwirrt über das Erscheinen eines Briefes. „Mein Gott, lieber Junge, was ist passiert? Wer ist weg?"

Dann antwortete Lightbody mit großer Anstrengung:

„Irene – meine Frau!"

Und mit einer schnellen Bewegung bedeckte er seine Augen und grub seine Finger in sein Fleisch.

De Gollyer stürzte sich auf den Brief und las:

Meine liebe Jackie, wenn du das liest, werde ich dich für immer verlassen haben –

Dann hielt er mit einem Ausruf inne und blätterte hastig zur Unterschrift.

„Lies!", sagte Lightbody mit erstickter Stimme.

„Ich sage, das ist ernst, teuflisch ernst", sagte De Gollyer , jetzt völlig verblüfft. Sofort begann er zu lesen und betonte unbewusst die betonten Worte – ein kleiner Trick seiner Aussprache.

Als Lightbody die Botschaft, die vor seinen Augen geschrieben stand, aus der Stimme eines anderen gehört hatte, vereinigten sich auf einmal alle Impulse in seinem Gehirn zu einem. Er sprang auf, sprach jetzt in schnellen, deutlichen Silben und fegte mit der Wut seiner Arme durch den Raum.

„Ich werde sie finden; bei Gott, ich werde sie finden. Ich werde sie jagen. Ich werde ihnen folgen. Ich werde sie verfolgen – überall – bis ans Ende der Welt – und wenn ich sie finde … "

De Gollyer , zutiefst beunruhigt über eine solche Szene, versuchte vergeblich, ihn aufzuhalten.

„Ich werde sie finden, wenn ich dafür sterbe! Ich werde sie abschießen. Ich werde sie abschießen wie Hunde! Das werde ich, bei allem, was heilig ist, das werde ich! Ich werde sie abschlachten! Ich werde schießen." sie unten, dort zu meinen Füßen, rollend zu meinen Füßen!"

Plötzlich fühlte er ein Gewicht auf seinem Arm und hörte De Gollyer vergeblich sagen:

„Mein Junge, sei ruhig, sei ruhig."

„Ruhig!", rief er mit einem Schrei, und sein Zorn richtete sich plötzlich auf seinen Freund. „Ruhig! Ich werde nicht ruhig sein! Was! Ich komme zurück – habe den ganzen Tag geschuftet, für sie geschuftet – komme zurück, um sie zum Essen auszuführen, wo sie hingehen möchte – zu dem Theaterstück, das sie sehen möchte, und ich finde – nichts – diesen Brief – diese Bombe – diesen Blitz! Alles weg – mein Zuhause zerstört – mein Name entehrt – mein ganzes Leben ruiniert! Und du sagst, sei ruhig – sei ruhig – sei ruhig!"

Dann ließ er sich aus Angst, von der Hysterie übermannt zu werden, heftig in einen Sessel zurückfallen und verdeckte sein Gesicht.

Während dieses Ausbruchs hatte De Gollyer absichtlich seine Handschuhe ausgezogen, sie gefaltet und in seine Brusttasche gesteckt. Seinen Ruf als allwissender Mensch hatte er sich durch das einfache Mittel erworben, sich nie überzeugen zu lassen. Sobald die wahre Situation enthüllt war, schwebte ein leichtes, skeptisches Lächeln um seine dünnen, verzogenen Lippen, und als er seinen alten Freund ansah, bemerkte er nicht unangenehm etwas Komisches in der Haltung der Trauer. Er machte ein oder zwei Fehlstarts, knöpfte seinen schmucken Cutaway zu und sagte dann in einer absichtlich höheren Tonart:

„Mein lieber alter Junge, wir müssen überlegen – wir müssen wirklich überlegen, was zu tun ist."

„Es gibt nur eines zu tun", rief Lightbody mit donnernder Stimme.

„Erlauben Sie es mir!"

"Töte sie!"

"Einen Moment!"

De Gollyer , der Herr seiner selbst, gab seine Freude an der Kritik nie auf und milderte seine Stimme zu jenem kontrollierten Ton, der der Raserei am wirkungsvollsten entgegenwirkt.

„Setzen Sie sich – kommen Sie jetzt, setzen Sie sich!"

Lightbody wehrte sich.

„Setzen Sie sich, kommen Sie – Sie haben mich hereingerufen. Wollen Sie meinen Rat? Wirklich? Nun, seien Sie einfach ruhig. Wollen Sie zuhören?"

„Ich bin ruhig", sagte Lightbody plötzlich unterwürfig. Der Wahnsinn seiner Wut verging, aber um seine Entschlossenheit noch eindrucksvoller zu machen, streckte er seinen Arm aus und sagte langsam:

„Aber denken Sie daran, ich habe mich entschieden. Ich werde nicht nachgeben. Ich werde sie niederschießen wie Hunde! Sehen Sie, ich sage ruhig – wie Hunde!"

„Mein lieber alter Kumpel", sagte De Gollyer mit einem wohlerzogenen Schulterzucken, „du wirst nichts dergleichen tun. Wir sind Männer von Welt, mein Junge, Männer von Welt. Schießen ist archaisch – denn In den ländlichen Gebieten sind wir weit darüber hinausgekommen – Männer von Welt schießen nicht mehr .

„Ich habe es leise gesagt", sagte Lightbody, der nicht ohne Überraschung bemerkte, dass er nicht mehr die gleiche Temperatur hatte. Allerdings schloss er mit normaler Überzeugung: „Ich werde sie beide töten, das ist alles. Ich sage es ruhig."

Dies gab De Gollyer einen gewissen mahnenden Moment, den er nutzte, um die dramatische Spannung weiter zu reduzieren.

„Mein lieber alter Kumpel, eigentlich sage ich nur: Überlegen Sie zuerst und schießen Sie dann. Nehmen wir zunächst einmal an, Sie töten einen oder beide und werden nicht selbst getötet – denn Sie wissen schon, lieber Junge, der Teufel Passiert das manchmal? Die Gerechtigkeit ist heutzutage so träge. Sicherlich müsste man sechs, acht, vielleicht zehn Monate lang in einem zugigen, feuchten Gefängnis leben, in einer äußerst unverdaulichen, abscheulichen Gesellschaft vor Gericht gestellt. Eine Jury – eine emotionale Jury – kann Ihnen ein paar Jahre Zeit geben. Wenn Sie sehen, dass Sie Cocktails trinken, werden Sie als völlig ungeeignet angesehen.

Mit einer gereizten Bewegung bewegte Lightbody seine Finger.

„Angenommen, Sie werden freigesprochen, was dann? Sie tauchen auf, im mittleren Alter, mit Dyspepsie, möglicherweise rheumatisch – keine Nerven mehr. Ihr Foto erscheint in jeder Zeitung zusammen mit den Erfindern von Schuhen und Korsetts. Das kann nicht sein Kannst du zum Abendessen oder zu Hauspartys eingeladen werden? Tatsächlich wirst du irgendwo verschwinden oder bleiben und vom Bruder erschossen werden, der seinerseits, sobald er freigesprochen wird, von deinem Bruder erschossen werden muss usw cetera, et cetera ! Was wirst du gewonnen haben?"

Er hörte auf, sehr erfreut – er hatte sich selbst überzeugt.

Lightbody, der Zeit gehabt hatte, sich für die Gefühle zu schämen, die er als Mann einem anderen seines Geschlechts entgegengebracht hatte, erhob sich und sagte würdevoll:

„Ich werde meine Ehre gerächt haben.“

De Gollyer , der sofort begriff, dass die Schlacht gewonnen war, nahm in einem lockeren Angriff seine Wortbatterie auf.

„Indem du deine Schande gegenüber Europa, Afrika, Asien veröffentlichst? Das ist logisch, nicht wahr? Nein, nein, mein lieber alter Jack – du wirst es nicht tun. Du wirst kein Arsch sein. Ruhiger Kopf, alter Junge! Betrachten wir es vernünftig – als Männer von Welt können Sie sie nicht zurückbringen, oder?

Auf diese Erinnerung hin, überwältigt von dem vibrierenden Gefühl des Verlustes, drehte sich Lightbody abrupt um, war nicht mehr Herr seiner selbst, ging hastig auf die Fenster zu und schrie heftig:

"Gegangen!"

Über die zufriedenen Lippen von De Gollyer kehrte das gleiche ironische Lächeln zurück.

„Ich sage, in der Tat habe ich keinen Verdacht geschöpft – Sie haben sich so sehr darum gekümmert.“

"Ich habe sie angebetet!"

Mit einer schnellen Bewegung drehte sich Lightbody um. Seine Augen blitzten. Es war ihm egal, was er preisgab. Er begann unzusammenhängend zu sprechen und unterdrückte in jedem Moment ein Schluchzen.

„Ich habe sie angebetet. Es war wunderbar. Nichts Vergleichbares. Ich habe sie vom ersten Augenblick an angebetet, als ich sie traf. Das war es – Anbetung – eine Frau auf der Welt – eine Frau – ich habe sie angebetet!“

Der Kobold der Ironie spielte weiterhin um De Gollyers Augen und leicht zuckende Lippen.

„Ganz genau – ganz genau“, sagte er. „ Natürlich weißt du das, mein Junge, du warst nicht immer so – so einsam – in den alten Tagen – du überraschst mich.“

Die Erinnerung an seine Romanze spülte auf einmal die Bitterkeit aus Lightbody. Er kehrte zurück, setzte sich niedergeschlagen und niedergeschlagen.

„Weißt du, Jim“, sagte er feierlich, „sie hat das nie getan, nie auf der Welt, nicht aus freien Stücken, nie bei klarem Verstand. Sie wurde hypnotisiert, jemand hat sie in seine Gewalt gebracht – irgendein Schurke.“ . Nein – ich werde ihr nichts tun, ich werde ihr kein Haar krümmen – aber wenn ich *ihn treffe –*“

„Übrigens, wen verdächtigen Sie?" sagte De Gollyer , der die Frage lange zurückgehalten hatte.

„Wen? Wen verdächtige ich?" rief Lightbody erstaunt aus. "Ich weiß nicht."

"Unmöglich!"

„Woher weiß ich das? Ich habe nie eine Minute an ihr gezweifelt."

„Ja, ja – immer noch?"

„Wen verdächtige ich? Ich weiß es nicht." Er hielt inne und überlegte. „Es könnten – drei Männer sein."

„Drei Männer!", rief De Gollyer und lächelte, wie nur ein Junggeselle in einem solchen Moment lächeln kann.

„Ich weiß nicht, welcher – woher soll ich das wissen? Aber wenn ich es weiß – wenn ich ihn treffe! Ich werde sie verschonen – aber – aber wenn wir uns treffen – wir beide – wenn meine Hände an seiner Kehle liegen –"

Er war wieder auf den Beinen, und seine Wut über die Schande war bereit, auszubrechen. De Gollyer legte den Arm um ihn und rief ihn mit abrupter, militärischer Strenge zurück.

„Ruhig, ruhig, mein alter Junge. Kopf hoch, reiß dich zusammen."

„Jim, es ist furchtbar!"

„Es ist hart – sehr hart!"

„Aus heiterem Himmel – alles weg!"

„Komm jetzt, geh ein bisschen auf und ab – tu dir gut."

Lightbody gehorchte, verschränkte die Arme hinter dem Rücken und blickte auf den Boden.

„Alles in Stücke gerissen!"

„Du hast sie geliebt?" fragte De Gollyer in einem undefinierbaren Ton.

„Ich habe sie vergöttert!" antwortete Lightbody explosiv.

"Echt jetzt?"

„Ich habe sie vergöttert. Jetzt ist nichts mehr übrig – nichts – nichts."

"Stetig."

Lightbody, der am Fenster stand, unternahm noch einmal einen Versuch, beherrschte sich und sagte, als würde ein Mann auf ein Erbe verzichten:

„Du hast recht, Jim – aber es ist schwer."

„Guter Geist – gut, gut, sehr gut!" De Gollyer kommentierte mit kritischem Enthusiasmus: „Nichts Öffentliches, was? Kein Skandal – nicht unsere Klasse.

Die Anstrengung, der Verzicht auf seine gerechte Rache, hatte Lightbody erschöpft, der sich umdrehte und zurückkam und seine Hände ausstreckte, um sich zu stützen.

„Das ist es nicht, es ist, es ist –" Plötzlich stießen seine Finger auf ein Paar Handschuhe auf dem Tisch – die Handschuhe seiner Frau, die dort vergessen worden waren. Er hob sie hoch, hielt sie in seiner offenen Handfläche, warf einen Blick auf De Gollyer und drehte den Kopf zur Seite, als er sie fallen ließ, da er plötzlich nicht mehr in der Lage war, weiterzumachen.

„Lassen Sie sich Zeit – atmen Sie tief durch", sagte De Gollyer im militärischen Stil, „füllen Sie Ihre Lungen. Großartig! Das ist es."

Lightbody setzte sich an den Schreibtisch, zog müde die Handschuhe an und blickte unverwandt auf die zerdrückten, parfümierten Finger.

„Aber Jim", sagte er schließlich, „ich bete sie so an – wenn sie glücklicher sein kann – glücklicher mit einem anderen – wenn sie das glücklicher macht, als ich sie machen kann – nun, dann trete ich beiseite, ich werde keinen Ärger machen – nur für sie, nur für das, was sie für mich getan hat."

Die letzten Worte waren kaum zu hören. Diesmal war De Gollyer trotz allem zutiefst betroffen.

„Großartig! Bei Gott, das ist Mumm!"

Lightbody hob seinen Kopf, die Erschöpfung des Kampfes und der Stolz des Sieges waren ihm deutlich zu erkennen.

„Ihr Glück steht an erster Stelle", sagte er einfach.

Der Akzent, mit dem es gesprochen wurde, überzeugte De Gollyer beinahe

.

„Beim Himmel, du betest sie an!"

„Ich bete sie an", sagte Lightbody und erhob sich. Diesmal kam es nicht wie eine Explosion, sondern wie ein Atemzug, ein tiefes Echo aus der Seele. Er stand da und blickte seinen Freund unverwandt an. „Du hast recht, Jim. Du hast recht. Das ist nicht unsere Klasse. Ich werde mich dem stellen. Es wird keinen Skandal geben. Niemand soll es erfahren."

Ihre Hände trafen sich mit einer instinktiven Bewegung. Dann, berührt von der glühenden Bewunderung seines Freundes, ging Lightbody müde weg und sagte dumpf, in einem Atemzug:

„Wie ein Donnerschlag, Jim.“

„Ich weiß, lieber alter Junge“, sagte De Gollyer und fühlte sich in Augen und Hals deutlich verletzlich.

„Es ist schrecklich – es ist schrecklich. Alles in einer Sekunde! Alles wurde auf den Kopf gestellt, alles zerschmettert!“

„Sie müssen weggehen“, sagte De Gollyer besorgt.

„Mein ganzes Leben ist ruiniert“, fuhr Lightbody fort, ohne ihn zu hören, „nichts ist mehr übrig – nicht das geringste, gemeinste Ding ist noch übrig!“

„Lieber Junge, du musst weggehen.“

„Erst letzte Nacht saß sie hier und ich dort und las ein Buch.“ Er blieb stehen und streckte seine Hand aus. "Dieses Buch!"

„Jack, du musst für eine Weile weggehen.“

"Was?"

"Geh weg!"

„Oh, ja, ja. Ich denke schon. Es ist mir egal.“

Er lehnte sich an den Schreibtisch und blickte auf den Teppich, geistig und körperlich reglos.

De Gollyer , der wieder zu seiner Natur zurückfand, sagte plötzlich: „Ich sage, lieber alter Junge, es ist furchtbar heikel, aber ich möchte ganz offen sein, von der Schulter aus – durch und durch, macht es Ihnen etwas aus?“

"Was Nein."

Gollyer sah, dass Lightbody nur mit halbem Ohr zugehört hatte, sprach er etwas zögerlich:

„ Natürlich ist es eine teuflische Unverschämtheit. Ich werde Sie furchtbar beleidigen. Aber, sage ich, jetzt in der Tat, waren Sie wirklich so – so engelsgleich glücklich?“

"Was ist das?"

„Tatsächlich“, sagte De Gollyer und änderte sofort seine Meinung, „waren Sie glücklich, *unglaublich* glücklich, *immer* glücklich, nicht wahr?“

Lightbody war empört.

„Oh, wie kannst du in so einem Moment?“

Das neue Gefühl gab ihm seine körperliche Elastizität zurück. Er begann auf und ab zu gehen und deklamierte seinem Freund gegenüber: „Ich war glücklich, *ideal* glücklich. Ich hatte nie einen Gedanken, nicht einen einzigen, an etwas anderes. Ich gab ihr alles. Ich tat alles, was sie wollte. Es gab nie ein Wort zwischen uns. Es war *ideal*."

De Gollyer vermied etwas beschämt seinen wütenden Blick und sagte hastig:

„Also, also, ich habe mich völlig geirrt. Ich bitte um Verzeihung."

„ *Im Idealfall* glücklich", fuhr Lightbody eindringlicher fort. „Wir hatten die gleichen Gedanken, den gleichen Geschmack, wir lasen die gleichen Bücher. Sie hatte einen Verstand, einen wundervollen Verstand. Es war eine *ideale* Verbindung."

„Zum Teufel, ich kann mich ja irren", dachte De Gollyer bei sich. Er verschränkte die Arme, nickte und wiederholte diesmal mit tiefster Überzeugung:

„Du hast sie angebetet."

„Ich habe sie *angebetet* ", sagte Lightbody mit einem schallenden Unterton in der Stimme. „Kein Wort gegen sie, kein Wort. Es war nicht ihre Schuld. Ich weiß, es ist nicht ihre Schuld."

„Du musst weggehen", sagte De Gollyer und berührte ihn an der Schulter.

„Oh, ich muss! Ich konnte es hier in diesem Raum nicht ertragen", sagte Lightbody bitter. Seine Finger wanderten leicht über die vertrauten Gegenstände auf dem Schreibtisch und schreckten vor jeder feurigen Berührung zurück. Er setzte sich hin. „Du hast recht, ich muss weg."

„Du bist furchtbar hart getroffen, nicht wahr?"

„Oh, Jim!"

Lightbodys Hand schloss sich um das Buch und er öffnete es mechanisch in dem Bemühen, die Erinnerung zu beherrschen. „Dieses Buch – wir haben es gestern Abend zusammen gelesen."

„Jack, schau mal", sagte De Gollyer , plötzlich selbstlos angesichts so großer Trauer, „du musst dich zusammenreißen, Junge, dich zusammenreißen. Ich sage dir, was ich tun werde. Du wirst es tun." Geh sofort weg. Ich werde mich um dich kümmern.

Lightbody reichte ihm mit einem stummen, dankbaren Blick die Hand, was De Gollyer einen schnellen Kloß in der Kehle bescherte , der vor Schrecken, absichtlich die Leichtigkeit seines Benehmens steigernd, mit übertriebener Fröhlichkeit aufsprang.

„Bei Gott, Tatsache ist, dass ich selbst ein bisschen verstaubt bin. Tu mir Gutes. Wir werden wegrennen, genau wie in den alten Zeiten – guten Zeiten, jenen. Wir haben ein bisschen herumgeklopft, nicht wahr? Gut." Tage, nicht wahr, Jack?"

Lightbody blickte weiterhin auf das Buch und sagte:

„Letzte Nacht – erst letzte Nacht! Ist das möglich?"

„Kommt, lasst uns Paris oder Wien fertigmachen?"

„Nein, nein." Lightbody schien bei dem Gedanken zurückzuschrecken. „Nicht das, nichts Schwules. Ich könnte es nicht ertragen, andere schwul – glücklich – zu sehen."

„Ganz richtig. Kalifornien?"

„Nein, nein, ich will weg, raus aus dem Land – weit weg."

Plötzlich kam De Gollyer eine Inspiration – eine Erinnerung an frühere Tage.

„Meine Güte, Marokko! Großartig! Die Reise, die wir geplant hatten – Marokko – genau das Richtige!"

Lightbody, der am Schreibtisch saß und immer noch schwach die Blätter befingerte, die er undeutlich sah, murmelte:

„Etwas weit weg – weg von den Menschen."

„Bei George, das ist immens", fuhr De Gollyer fort und explodierte vor Freude, und in einer höheren Oktave wiederholte er: „Immens! Marokko und ein gewaltiger Ansturm nach Afrika für Großwild. Die alte Reise, genau wie wir sie vor sieben Jahren geplant hatten." . IMMENSISCH!"

„Es ist mir egal – egal."

De Gollyer ging flink zum Bücherregal und brachte einen Atlas zurück.

„Mein Junge – das Beste auf der Welt. Bereite dich richtig vor – tolle Luft, atemberaubende Landschaften, toller Sport, Wohnwagen und all diese Dinge. Gute Idee, sehr gut. Ich könnte es dir nie verzeihen, dass du diese Reise abgebrochen hast, weißt du? . Dort." Rasch überflog er den Atlas und murmelte: „MMM – Marokko."

Lightbody, irritiert von der Vorstellung, vor einer Entscheidung stehen zu müssen, bewegte sich unruhig und sagte: „Irgendwohin, überall."

„Wieder im Sattel – die alten Campingtage – gewaltig."

„Ich muss weg."

„Da sind Sie ja", sagte De Gollyer schließlich. Mit einer geschickten Bewegung schob er seinem Freund den Atlas vor die Nase und sagte: „Marokko, teuflisch frische Luft, umwerfende Farben, Blau- und Rottöne."

"Ja ja."

„Sie erinnern sich, wie wir es geplant haben", fuhr De Gollyer fort und stotterte geschickt; „mit dem Boot nach Tanger, von Tanger direkt rüber nach Fez."

Daraufhin sagte Lightbody, während er den nachzeichnenden Finger beobachtete, etwas gereizt: „Nein, nein, zuerst die Küste entlang."

„Ich bitte um Verzeihung", sagte De Gollyer , „nach Fez, mein Lieber."

„Mein lieber Junge, ich weiß! Entlang der Küste nach Rabat."

„Ah, jetzt bist du sicher? Ich denke –"

„Und ich *weiß* ", sagte Lightbody, hob seine Stimme und nahm den Atlas in Besitz, den er energisch mit dem Handrücken schlug. „Ich sollte meinen eigenen Plan kennen."

„Ja, ja", sagte De Gollyer , um ihn anzufeuern. „ Davon sind Sie immer noch völlig überzeugt, oder?"

"Natürlich bin ich das! Mein lieber Jim – komm, ist das nicht meine Lieblingsidee – die eine Reise, von der ich geträumt habe, das Einzige auf der Welt, was ich mein ganzes Leben lang tun wollte?" Seine Augen verloren an Kraft, während sein Zeigefinger begann, bösartig in den Atlas einzustechen. "Wir fahren nach Rabat. Wir fahren nach Magazam , und wir machen – so – einen langen Bogen ins Landesinnere, biegen ab, so, und zurück nach Fez, so!"

Diese mit Begeisterung vorgetragene Rede brachte De Gollyer zum Nachdenken. Er betrachtete den etwas wiederbelebten Lightbody mit nachdenklicher Neugier.

„Na, na, vielleicht hast du recht. Du bist immer beeindruckend, weißt du."

„Stimmt? Natürlich habe ich recht", fuhr Lightbody fort, ohne die kritische Betrachtung seines Freundes zu bemerken. „Habe ich nicht jeden Fuß davon berechnet?"

„Also ein kleiner Flieger im Wildland? Ein Nashorn umgeworfen oder so. Atemberaubender, pfiffiger Sport, das Nashorn!"

„Mein Gott, stellen Sie sich das vor – eine Chance bei einem dieser Bestien!"

Als De Gollyer die Begierde in den Augen seines Freundes sah, kehrten die Kobolde zurück und stolperten ironisch zurück. Er klopfte ihm auf die

Schulter, wie Mephistopheles freudig seine eigene einfordern würde, und rief: „Unermesslich!“

„Weißt du, Jim“, sagte Lightbody, richtete sich auf, war nervös und sprach mit schnellem, eifriger Akzent, „davon habe ich geträumt – von einer Chance bei einem der großen Bettler. Bei Gott, davon habe ich geträumt, mein ganzes Leben lang!“

„Wir werden es mit aller Kraft durchziehen, mit Regimentern von Trägern, rot-weißen Zelten, Kamelen, Karawanen und dergleichen.“

„Bei Gott, denk nur mal darüber nach.“

„Mit Stil, mein Junge – der ganze Kontinent wird uns gehören, kauf ihn auf!“

"Der Teufel!"

"Was ist los?"

Lightbodys Laune war plötzlich gesunken. Er schob seinen Stuhl halb zurück und runzelte die Stirn. „Es wird furchtbar extravagant.“

"Was davon?"

„Mein lieber Freund, Sie wissen nicht, wie hoch meine Ausgaben sind – diese Wohnung, ein Auto –, oh, was Sie betrifft, für Sie ist alles in Ordnung! Sie haben zehntausend im Jahr und niemanden, für den Sie sorgen müssen außer sich selbst.“

Plötzlich empfand er beinahe Hass auf seinen Freund und dann eine Auflehnung angesichts des Verzichts, den er bringen musste.

„Nein, das geht nicht. Wir müssen es aufgeben. Unmöglich, völlig unmöglich, ich kann es mir nicht leisten.“

De Gollyer , immer noch ein wenig unsicher, wartete einige Augenblicke und betrachtete sorgfältig den zweifelnden Gesichtsausdruck seines Freundes. Dann fragte er unvermittelt:

„Wie hoch ist Ihr Einkommen – jetzt?“

„Was meinst du mit *jetzt* ?“

„Fünfzehntausend im Jahr?“

„Das war schon immer so“, antwortete Lightbody schlecht gelaunt.

De Gollyer sich endlich der großen Frage näherte, nahm er eine Miene konzentrierter Festigkeit an, gemildert durch wohlerzogene Zartheit.

um Verzeihung. Tatsächlich waren es immer fünfzehntausend – ganz richtig, ganz richtig; aber – nun, mein lieber Junge, Sie sind zu sehr ein Mann von Welt, um beleidigt zu sein, nicht wahr?"

„Nein", sagte Lightbody und starrte vor sich hin. „Nein, ich bin nicht beleidigt."

„ Natürlich ist das ein heikles, kitzlig heikles Terrain, aber wir müssen den Dingen ins Auge sehen. Wenn Sie nun lieber möchten, dass ich …"

„Nein, mach weiter."

„Natürlich, mein Junge, du hast einen üblen Schlag abbekommen und all das, aber –" plötzlich streckte er die Hand aus, nahm den Brief, ließ ihn aus seinen Fingern hängen und betrachtete ihn nachdenklich – „ich sage, man könnte es so sehen. Gestern waren es fünfzehntausend Dollar im Jahr, um eine fesche Ehefrau herauszuputzen, den modernen New Yorker Stil, das gesellschaftliche Tempo, Kleider, die schicker sein müssen als die von Thingabobs Frau, Wettessen, bei denen man mit der Gabel herumwirbelt und die die Dienerschaft isst, und all das, weißt du. Heute sind es fünfzehntausend Dollar im Jahr und wieder ein Junggeselle."

Er ließ den Brief los, ließ ihn verächtlich auf dem Schreibtisch liegen und beendete den Satz:

„Kommen Sie, das ist doch tatsächlich ein kleiner Trost, nicht wahr?"

Von dem Moment an hatte er De Gollyers Idee verstanden. Lightbody war ganz still geworden, blickte unverwandt nach vorn und sah weder die Tür noch die Stützmauern.

„Daran habe ich nie gedacht", sagte er fast flüsternd.

„Ganz richtig, ganz richtig. An so etwas denkt man natürlich zunächst nicht. Er hielt inne, klärte seine Stimme und sagte mitfühlend: „Du hast sie angebetet?"

„Ich schätze, ich könnte die Wohnung aufgeben und das Auto verkaufen", sagte Lightbody langsam und sprach mit sich selbst.

De Gollyer lächelte – ein Junggesellenlächeln.

„Riches, mein Junge", sagte er und tippte ihm mit der gleichen schnellen, erweckenden Mephistopheles-Berührung auf die Schulter.

Der Kontakt weckte Lightbody aus seinen Träumen. Er zog sich zurück, schockiert über die Art und Weise, wie seine Gedanken gewandert waren.

„Nein, nein, Jim", sagte er. „Nein, das darfst du nicht, nichts dergleichen – nicht in einer solchen Zeit."

„Da hast du recht", sagte De Gollyer , sofort von der Schwerkraft verdeckt. „Da hast du ganz recht. Dennoch schauen wir den Dingen ins Auge – wir planen für die Zukunft. Natürlich ist es eine heikle Frage, ungeheuer heikel. Ich habe fast Angst, sie dir zu stellen. Komm schon, wie soll ich? Drücken Sie es aus – vorsichtig? Es ist so: Fünfzehntausend pro Jahr geteilt durch eins, nicht wahr? und er hob sein Kinn von dem hohen weißen Palisadenzaun, auf dem es ruhte. „Nun, wir sind Männer von Welt, nicht wahr? Nun, wie viel von diesen fünfzehntausend pro Jahr kam tatsächlich zu Ihnen zurück?"

„Mein lieber Jim", sagte Lightbody, der das Gefühl hatte, dass Großzügigkeit seine Aufgabe sein sollte, „eine Frau, eine moderne Frau, eine New Yorkerin, wie Sie gerade gesagt haben, braucht es – braucht –"

„Zwölftausend – dreizehntausend?"

„Ach, komm schon! Unsinn", sagte Lightbody und wurde immer wütender. „Außerdem will ich nicht ..."

„Ja, ja, ich weiß", unterbrach ihn De Gollyer , jetzt mit neuem Selbstvertrauen. „Trotzdem sind Ihre Whiskys schlecht geworden, mein Junge – sie sind schlecht geworden, und Ihre Zigarren sind schlecht, sehr schlecht. Es sind Kleinigkeiten, aber man sieht es."

Vor ihm lag ein Bleistift. Lightbody nahm ihn, ohne zu wissen, was er tat, und kritzelte mechanisch 15.000 Dollar auf ein unbeschriebenes Blatt, wobei er das Dollarzeichen mit vorsichtigen, fast zärtlichen Strichen zeichnete. Das Blatt war die Rückseite des Briefes seiner Frau, aber er bemerkte es nicht.

De Gollyer blickte über seine Schulter und rief:

„Ganz richtig. Fünfzehntausend geteilt durch eins."

„Es wird einen Unterschied machen", sagte Lightbody langsam. Auf seinem Gesicht lag ein Ausdruck, wie er nur einmal im Leben vorkommt; eine Analyse, die den Blick herausfordert; ein Blick, der über die Vergangenheit blickt und die Zukunft herausfordert und stets das Geheimnis seines Urteils bewahrt.

De Gollyer zog sich langsam zurück und ließ ihm einen Moment Zeit, bevor er sagte:

„Und kein Unterhalt!"

"Was?"

„Kostenlos und ohne Unterhalt, mein Junge!"

„Kein Unterhalt?" sagte Lightbody, überrascht über diese neue Argumentation.

„Eine Frau, die wegläuft, bekommt keinen Unterhalt", sagte De Gollyer laut. „Nicht hier, nicht im verkümmerten Osten!"

„Daran habe ich auch nicht gedacht", sagte Lightbody, der sich ein Lächeln nicht verkneifen konnte.

De Gollyer , vielleicht verärgert darüber, dass er sich zu Mitgefühl hatte überreden lassen, redete ein wenig rachsüchtig weiter.

„ Das bedeutet dir natürlich nichts, mein Junge. Du warst glücklich, *im Idealfall* glücklich! Du hast sie angebetet, nicht wahr?"

Er hielt inne, und als er keine Antwort erhielt, fuhr er fort:

„Aber sehen Sie, wenn Sie nicht all diese Jahre so teuflisches Glück gehabt hätten, so engelsgleich glücklich, würden Sie die Situation vielleicht mit einem gewissen Humor betrachten, nicht wahr? Aber sehen Sie der Sache ins Auge: Was haben Sie verloren, was haben Sie noch? Da ist etwas dran. Fünfzehntausend im Jahr, Freiheit und kein Unterhalt."

Der Moment war gekommen, dem man nicht mehr ausweichen konnte. Lightbody stand auf, drehte sich um, begegnete der lauernden Bosheit in De Gollyers Augen mit dem leeren, unentschlossenen Blick seiner eigenen, drehte sich auf dem Absatz um, ging zu einem kleinen Wandschrank und brachte eine Karaffe und Gläser zurück.

„Das ist nicht das, was wir auf den Tisch servieren", sagte er belanglos. „Das ist Whisky."

De Gollyer schenkte sein Getränk ein und sah Lightbody *wie einen Kenner an* .

„Du bist alt geworden – sechs Jahre. Du warst auch der Klügste von den Alten. Du bist wirklich alt geworden."

Lightbody hörte zu, die Augen im Glas.

„Jack, du bist mittleren Alters – du bist abgehauen – schlimm. Es hat dich hart getroffen."

Einen Moment lang herrschte Stille, dann sprach Lightbody leise:

„Jim!"

"Was ist los, alter Junge?"

„Willst du die Wahrheit wissen?"

„Komm – raus damit!"

Lightbody rang einen Moment, das Zögern war auf seinen Lippen zu erkennen. Dann sagte er, langsam den Kopf schüttelnd, ohne die Augen zu heben, als würde er mit jemand anderem sprechen:

„Jim, ich hatte eine verdammt gute Zeit!"

"Unmöglich!"

"Ja."

Er hob sein Glas, bis er seine Lippen berührte, und stellte es dann langsam ab. „Aber Jim, in den sechs Jahren habe ich sie so geliebt, dass ich nie etwas getan habe, was ich tun wollte, nie irgendwohin gegangen bin, wohin ich gehen wollte, nie etwas getrunken habe, was ich trinken wollte, nie etwas gesehen habe, was ich sehen wollte, nie etwas getragen habe, was ich tragen wollte, nie etwas geraucht habe, was ich rauchen wollte, nie etwas gelesen habe, was ich lesen wollte, nie mit jemandem gegessen habe, mit dem ich essen wollte! Jim, es war wirklich eine *häusliche* Zeit!"

„Guter Gott! Ich kann es nicht glauben!", rief De Gollyer , zu verblüfft, um seinem Sinn für Humor nachzugeben.

Auf einmal schien Lightbody ein wenig Wut zu packen. Seine Stimme wurde lauter und seine Gesten empörter.

„Verheiratet! Ich war mit einem Polizisten verheiratet. Aber Jim, wissen Sie, was ich für mich selbst ausgegeben habe, wirklich ausgegeben? Nicht zweitausend, nicht eintausend, nicht fünfhundert Dollar im Jahr. Ich war ärmer als mein eigener Angestellter. Ich möchte Ihnen nicht sagen, was ich für Zigarren und Whisky bezahlt habe. Alles ging an sie, alles! Und Jim –" er drehte sich plötzlich mit einem bedeutungsvollen Blick um – „so ein Temperament!"

„Ein hitziges Gemüt? Nein, unmöglich, das nicht!"

„Nicht gewalttätig – oh nein – sondern bestimmt – lächelnd, wissen Sie, aber unwiderstehlich."

Er holte tief Luft, geladen mit bitteren Erinnerungen, und sagte rebellisch zwischen den Zähnen: „Ich war immer einverstanden."

„Kann das sein? Ist das möglich?", kommentierte De Gollyer und beherrschte sorgfältig seinen Gesichtsausdruck.

Angesichts des neuen Themas seiner Verfehlungen begann Lightbody nun vor Wut zu explodieren.

„Und da ist noch etwas – etwas, das wehtut! Wissen Sie, was sie bei ihrer Flucht anhatte? Sie trug einen Hut, einen großen roten Hut, drei weiße Federn – einhundertfünfundsiebzig Dollar. Ich habe einen Winteranzug dafür hergegeben."

Er ging zu der grotesk großen Hutschachtel auf dem schmalen Tisch und schlug mit der Faust darauf.

„Sie kam heute Morgen. Jim, sie hat auf diesen Hut gewartet! Das ist jetzt nicht richtig! Das ist nicht empfindlich!“

„Nein, bei Gott, es ist ganz sicher nicht empfindlich!“

„Häuslichkeit! Ha!“ In diesem Moment, mit nur der Vision einer kleinen Tyrannei vor Augen, hätte er sie in seine Hände nehmen und erwürgen können. „Häuslichkeit! Ich habe alles gehabt, was ich von Häuslichkeit wollte!“

Plötzlich erwachte die ewige Angst in ihm, er drehte sich um und befahl gebieterisch:

"Erzähle niemals!"

"Niemals!"

De Gollyer , zweiundvierzig, zeigte ein entgegenkommendes Gesicht, unbesiegbar, ernst mitfühlend, geduldig auf seinen Höhepunkt wartend, wissend, dass nichts so gefährlich ist wie ein Geständnis.

Lightbody nahm sein Glas und setzte es erneut an seine Lippen, runzelte die Stirn bei dem Gedanken an das, was er enthüllt hatte. Plötzlich überkam ihn ein neuer Impuls, er stellte sein Glas ungeschmeckt ab und platzte heraus:

„Willst du noch etwas wissen? Willst du die Wahrheit wissen, die wahre Wahrheit?“

„Gnädiger Himmel, gibt es noch etwas?“

„Ich habe sie nie geheiratet – niemals in Gottes Welt!“

Er hielt inne und plötzlich, nicht zu leugnen, stand die Vergangenheit in ihrer nackten Wahrheit vor ihm.

„Sie hat mich geheiratet!“

"Ist es möglich?"

"Sie tat!"

Was ein Impuls gewesen war, wurde plötzlich zur Gewissheit.

„Wenn ich jetzt zurückblicke, kann ich alles ganz deutlich sehen. Wissen Sie, wie es passiert ist? Ich habe dreimal angerufen – nicht noch einmal – dreimal! Ich mochte sie – nichts mehr. Sie war ein attraktiv aussehendes Mädchen – eine gewisse Faszination – das hat sie immer – das ist das Schlimmste daran – aber sanft, sehr sanft.“

"Außergewöhnlich!"

„Beim dritten Mal, als ich anrief – wohlgemerkt beim dritten Mal“, fuhr Lightbody fort und griff den Tisch an, „als ich aufstand, um mich zu verabschieden, gingen plötzlich die Lichter aus.“

"Die Lichter?"

„Als sie wieder weitermachten, war ich verlobt.“

„Großer Himmel!“

"Der alte Ohnmachtstrick . "

"Ist es möglich?"

„Jetzt sehe ich alles. Ein Mann sieht die Dinge in einem solchen Moment, wie sie sind.“

Er lachte kurz und unangenehm auf. „Jim, sie hat die Lichter alle reparieren lassen!“

„Furchtbar!“

Lightbody, der bei der Beichte seine Seele entblößt hatte, war sich der Scham nicht mehr bewusst. Er schlug auf den Tisch, um seinem Zorn Ausdruck zu verleihen, und rief:

„Und das ist die Wahrheit! Die feierliche, buchstäbliche Wahrheit! Das ist meine Geschichte!“

Um zu gestehen, musste er sich von einem Wutausbruch überwältigen lassen. Als dieser Zorn nachließ, verschränkte er ganz ruhig die Arme und lachte leise und verächtlich.

„Mein lieber Junge“, sagte De Gollyer , um die Spannung abzubauen, „tatsächlich ist das die Art und Weise, wie Sie alle gefangen werden.“

„Das glaube ich“, sagte Lightbody knapp. Er verspürte jetzt den instinktiven Drang, das gesamte weibliche Geschlecht zu beleidigen.

„Ich weiß es – ein Junggeselle weiß es. Die Dinge, die ich gesehen und gehört habe. Mein lieber Junge, eigentlich ist die Ehe ganz gut für Bankiers und Makler, unverurteilte Millionäre, schwache Haustiere auf der Suche nach einer fähigen Haushälterin und dergleichen, aber für Männer von Welt – wie uns – ist sie ein Fehler. Tu es nicht noch einmal, mein Junge – tu es nicht.“

Lightbody lachte ein bellendes Lachen, das De Gollyer völlig zufriedenstellte .

„Ehemänner – moderne soziale Ehemänner – sind Auswüchse – sie zählen nicht. Sie sind bloße Finanztabellen – nichts weiter als gesellschaftliche Resonanzböden.“

"Rechts!" sagte Lightbody wütend.

„Ah, das gefällt dir, oder?" sagte De Gollyer erfreut. „Gelegentlich sage ich etwas Gutes. Soziale Resonanzböden! Warum, Jack, in der Hälfte der Ehen in diesem Land – nein, bei George, in zwei Dritteln –, wenn der belanglose, tabellarische Ehemann nach Hause kommen sollte, um ihn zu finden ein Brief wie dieser – er würde eine *Can-Can tanzen* !"

Lightbody spürte, wie eine Flut beruhigenden Lachens in ihm aufstieg. Er biss sich auf die Lippe und antwortete:

"NEIN!"

"Ja."

"Pah!"

„Ein *Can-Can* !"

Lightbody, der Angst hatte, sich selbst zu verraten, wagte es nicht, den triumphierenden Junggesellen anzusehen. Er bedeckte seine Augen mit seinen Händen und versuchte, die freudige Hysterie zu bekämpfen, die seinen ganzen Körper zu erschüttern begann. Plötzlich erblickte er De Gollyers schelmischen Blick, und da er sich nicht mehr zurückhalten konnte, brach er in Gelächter aus. Je mehr er über De Gollyer lachte , der zurücklachte, desto unkontrollierbarer wurde er. Tränen stiegen ihm in die Augen und liefen über seine Wangen, spülten alle Illusionen und Selbsttäuschungen weg und ließen nur die Freude über die endlich anerkannte Erlösung zurück.

Plötzlich hielt er seine Seiten fest, atmete ein wenig auf und schrie entzündend :

„Ein *Can-Can* !"

Plötzlich, aus einem Impuls heraus, verschränkten sie die Arme und drehten Pirouetten durch den Raum, streckten ihre zerstörerischen Beine aus und umarmten sich bärenhaft, wie sie es in triumphalen Collegetagen getan hatten. Schließlich waren sie erschöpft, taumelten auseinander und fielen atemlos auf gegenüberliegende Stühle. Es folgte ein kurzer Moment schwacher, körperlicher Stille, und dann sagte Lightbody kopfschüttelnd ernst:

„Jim – Jim, das ist das erste Mal seit sechs langen Jahren, dass ich richtig und aufrichtig gelacht habe!"

„Mein Junge, es wird nicht das letzte Mal sein."

„Darauf kannst du wetten!" Lightbody sprang auf, als der junge Faust aus dem aschgrauen Mantel des Alters hervorsprang. „Morgen – hörst du, morgen brechen wir nach Marokko auf!"

„Über Paris?", fragte De Gollyer , der ebenfalls um zwölf Jahre jünger geworden war.

„ Auf jeden Fall über Paris."

„Mit einem Schuss Wien?"

„Lass es von der Karte verschwinden!"

„Guter alter Jack! Du kommst zurück, mein Junge, du kommst stark!"

„Bin ich? Schau einfach zu!" Er tanzte zum Schreibtisch und ergriff ein Dutzend schwerer Bücher:

„'Evolution und Psychologie', 'Brennende Fragen!' „Die Stellung der Frau in Tasmanien!" Aha!"

Eines nach dem anderen schleuderte er sie brutal über seinen Kopf, ohne auf den Krach zu achten, mit dem sie zu Boden fielen. Dann stürzte er sich mit dem gleichen *Pas de Ballet* auf die Hutschachtel und ließ sie aus seinem Stiefel über das Klavier krachen. Bevor De Gollyer ausrufen konnte, war er am Schrank und verwüstete die Zigarrenkisten.

„Hier, sage ich", sagte De Gollyer lachend, „Passen Sie auf, das sind Zigarren!"

„Nein, sind sie nicht", sagte Lightbody und hielt einen Moment inne. Dann schnappte er sich zwei Kisten, wirbelte mit gestreckten Armen durch den Raum und zerstreute sie wie die Funken eines Feuerrads, bis er mit einer letzten Bewegung die leeren Kisten an die Decke schleuderte, abrupt anhielt, seinen obligatorischen Zeigefinger ausstreckte und rief:

„Jim, du isst mit mir!"

"Der Fakt ist-"

„Kein Aber, keine Ausreden! Alle Verpflichtungen brechen! Heute Abend feiern wir!"

„Immens!"

„Trotzt die Jungs zusammen – alle Jungs – die alte Clique. Ich bin doch mittleren Alters, oder?"

„Bei Gott", sagte De Gollyer voller Bewunderung, „du kommst langsam in Form, mein Junge, in ausgezeichnete Form. Gut, gut, sehr gut!"

„In einer halben Stunde im Club."

"Erledigt."

„Jim?“

"Jack!"

Sie warfen sich in die Arme. Lightbody, ganz aus dem Häuschen wie ein junges Mädchen beim Gedanken an ihren ersten Ball, rief:

„Paris, Wien, Marokko – in zwei Jahren um die Welt!“

„Bei meiner Ehre!“

Lightbody, der die Feier kaum erwarten konnte, steckte De Gollyer rasch in seinen Mantel und bewaffnete ihn mit seinem Stock.

„In einer halben Stunde, Jim. Hol Budd, hol Reggie Longworth und, ich sage, hol diesen kleinen Schurken von Smithy, ja?“

„Ja, bei George.“

An der Tür drehte sich De Gollyer um, der sich, wenn er nicht mit einem Epigramm gehen konnte, gern an das Beste erinnerte, was er gesagt hatte:

„Nie wieder, was, alter Junge?“

„Niemals“, rief Lightbody mit der Stimme einer Kanone.

„Kein sozialer Resonanzboden für uns, was?“

"Nie wieder!"

„Das gefällt dir doch, nicht wahr? Ich sage ab und zu etwas Gutes, nicht wahr?“

Voller Eifer trieb Lightbody ihn den Flur entlang und rief:

„Sammelt sie zusammen – treibt sie alle zusammen! Ich werde es ihnen zeigen, wenn ich zurückkomme!“

Als er zurückgekehrt war und auf Zehenspitzen in die Mitte des Raumes marschierte, blieb er stehen, streckte seine Arme in einer freien Geste aus und atmete köstlich ein. Dann ging er geschäftig pfeifend zu einer Schublade im Bücherregal und kam leichtfüßig zurück, die Arme voller Fahrpläne, Fahrpläne von Dampfschiffen und Karten verschiedener Länder. Plötzlich griff er, als er sich erinnerte, zum Telefon und klingelte ungeduldig, da er keine Antwort erhielt.

„Zentrale – hallo – hallo! Zentrale, warum antwortest du nicht? Zentrale, gib mir – gib mir – warte, warte mal!“ Er hatte die Nummer seines eigenen Vereins vergessen. Endlich hörte er in der Kommunikation den gut modulierten Akzent von Rudolph – Rudolph, der seine Stimme nach sechs

Jahren wiedererkannte. Es erregte ihn ein wenig, diese Erinnerung an das Leben, in das er erneut eintrat. Er bestellte eines der Abendessen, die er immer bestellt hatte, und legte den Hörer auf, mit einem Lächeln und einer leichten Anspannung im Herzen angesichts des Eintritts, den er, der verlorene Sohn, an diesem Abend im Club machen würde.

Dann ergriff er in der einen Hand eine Karte von Marokko und in der anderen einen Fahrplan, setzte sich an die Planung und skandierte immer wieder: „Paris, Wien, Marokko, Indien, Paris, Wien …"

In diesem Moment öffneten sich die Türen geräuschlos, ohne dass er es bemerkte, und Mrs. Lightbody trat ein; eine Frau voller ansprechender Bewegungen in ihrem geschmeidigen Körper und mit schnellen, entschlossenen Wahrnehmungen in dem geraden, grauen Blick ihrer Augen. Mit einer Hand hielt sie einen Umhang, der locker um ihren Hals gebunden war. Auf ihrem Kopf trug sie den Hut mit den drei weißen Federn.

Eine Minute verging, während sie dastand und rasch alle Hinweise wahrnahm, die ihr später helfen könnten. Dann bewegte sie sich ein wenig und sagte mit leiser Traurigkeit in der Stimme:

„Jackie."

"Großer Gott!"

Lightbody warf Stuhl und Tisch um und sprang auf – zurückweichend, wie man vor einem rächenden Gespenst zurückweicht. In seinen krampfhaften Fingern lagen die Fahrpläne, die wie feuchte Seerosenblätter daran klammerten.

„Jackie, ich konnte es nicht tun. Ich konnte dich nicht im Stich lassen. Ich bin zurückgekommen." Leise, eher als würde sie sich bewegen als als würde sie gehen, ohne die Unsicherheit in ihrer Stimme, rief sie mit einer kleinen Pause: „Vergib mir!"

"Nein! Niemals!"

Er zog sich hinter einen Stuhl zurück, Wut in der Stimme, schwach beim Gedanken an den schwebenden, sich verheddernden Schal und das Parfüm, das er so gut kannte. Dann fasste er sich und rief brutal:

„Niemals! Du hast mir meine Freiheit gegeben. Ich werde sie behalten! Danke!"

Mit einer allmählichen Bewegung lockerte sie ihren hauchdünnen Umhang und ließ ihn von den plötzlich entblößten Schultern und dem schlanken Körper gleiten.

„Nein, nein, das verbiete ich dir!“, rief er. Wut – animalische, instinktive Wut – begann ihn zu überwältigen. Er wurde brutal, als er spürte, wie er schwächer wurde.

„Entweder du gehst raus oder ich!“

„Du wirst zuhören.“

„Was? Zu lügen?“

„Wenn du mich gehört hast, wirst du es verstehen, Jack.“

„Es gibt nichts zu sagen. Ich habe nicht die geringste Absicht, etwas zurückzunehmen –“

"Jack!"

Ihre Stimme klang plötzlich beeindruckend: „Ich schwöre dir, ich habe ihn nicht getroffen, ich schwöre dir, ich bin aus freien Stücken zurückgekommen, weil ich ihn nicht treffen konnte, weil ich festgestellt habe, dass du es warst – nur du … wen ich wollte!“

"Das ist eine Lüge!"

Sie zuckte vor der Wunde in seinem Blick zurück. Sie legte ihre lange weiße Hand auf ihr Herz und warf sich ganz dem Blick hin, der ihn erobern wollte.

„Ich schwöre es“, sagte sie schlicht.

"Noch eine Lüge!"

"Jack!"

Es war eine körperliche Wut, die ihn jetzt beherrschte, eine Wut, die sich gegen sich selbst richtete – die das, wonach sie sich sehnte, niederschlagen, zermalmen und ersticken wollte. Er hatte beinahe Angst vor sich selbst. Er schrie:

„Wenn du nicht gehst, werde ich – werde ich –“

Plötzlich fand er etwas Brutaleres als einen Schlag, etwas, das sie vertreiben musste, während er noch die Kraft seiner Leidenschaft hatte. Er verschränkte die Arme und sah sie mit kaltem Blick an.

„Ich sage Ihnen, warum Sie zurückgekommen sind. Sie sind aus nur einem Grund zu ihm gegangen. Sie dachten, er hätte mehr Geld als ich. Sie sind zurückgekommen, als Sie feststellten, dass das nicht stimmte.“

Er sah, wie ihr Körper zitterte, und es tat ihm gut.

„Damit ist es vorbei“, sagte sie und konnte kaum sprechen. Sie ließ hastig den Kopf sinken, aber nicht bevor er die Tränen gesehen hatte.

"Absolut."

Gleich würde sie verschwunden sein. Er fühlte sich plötzlich unwohl, beschämt – sie schien so zerbrechlich.

„Mein Umhang – gib mir meinen Umhang", sagte sie und ihre Stimme zeigte, dass sie sein Urteil akzeptierte.

Er brachte den Umhang dorthin, wo sie müde stand, legte ihn ihr um die Schultern und trat sofort einen Schritt zurück.

"Auf Wiedersehen."

Es wurde mehr dem Raum als ihm gesagt.

„Auf Wiedersehen", sagte er dumpf.

Sie machte einen Schritt und blickte ihn dann an.

„Das war mehr, als du sagen durftest, selbst mir gegenüber", sagte sie ohne Vorwurf in ihrer Stimme.

Er vermied ihren Blick.

„Es wird dir leid tun. Ich kenne dich", sagte sie voller Mitleid mit ihm. Sie ging zur Tür.

„Es tut mir leid", sagte er impulsiv. „Ich hätte es nicht sagen sollen."

„Danke", sagte sie, blieb stehen und ging ein Stückchen weiter auf ihn zu.

Er zog sich zurück, als ob er ihre Arme bereits um sich spürte.

„Tu das nicht", sagte sie mit einem müden Lächeln. „Das werde ich nicht versuchen."

Ihr Instinkt hatte ihr die Kontrolle über die Szene gegeben. Er spürte es und war irritiert.

„Lass uns nur in aller Stille und in Würde auseinandergehen", sagte sie, „denn wir waren sechs Jahre lang glücklich miteinander." Dann sagte sie rasch:

„Ich möchte, dass Sie wissen, dass ich nichts tun werde, was Ihren Namen entehrt. Ich gehe nicht zu ihm. Damit ist Schluss."

Er war ungeheuer neugierig und wollte den Grund für dieses seltsame Geständnis erfahren. Aber er erkannte, dass es ihm nichts ausmachte, danach zu fragen.

„Auf Wiedersehen, Jackie", sagte sie, nachdem sie einen Moment gewartet hatte. „Ich werde dich nicht wiedersehen."

Er sah zu, wie sie mit der gleichen bewegenden Anmut ging, mit der sie gekommen war. Plötzlich fand er einen Ausweg.

„Warum gehst du nicht zu ihm?" sagte er hart.

Sie blieb stehen, drehte sich aber nicht um.

„Nein", sagte sie kopfschüttelnd. Und wieder wagte sie es, weiter zur Tür zu gehen.

„Ich werde dir nicht im Weg stehen", sagte er knapp und fürchtete nur, dass sie gehen würde. „Ich lasse mich scheiden. Ich verweigere einer Frau nicht ihre Freiheit."

Sie drehte sich um und sagte:

„Erlauben Sie einer Frau die Freiheit, ihre eigene Meinung zu kennen?"

"Wie meinst du das?"

Sie kam zurück, bis er sie fast hätte berühren können, stand da und blickte ihm mit einem wehmütigen, forschenden Blick in die Augen, während sie ihre angespannten Finger umklammerte und wieder losließ.

„Jack", sagte sie, „es hat dich nie wirklich interessiert."

„ Also ist alles meine Schuld!" „" schrie er und verschränkte die Arme, denn nun war er sicher, dass sie bleiben würde.

"Ja ist es."

"Was!" Er weinte vor Wut – es war schon eine andere Wut – „Habe ich dir nicht alles gegeben, was du wolltest, alles, was ich hatte, meine ganze Zeit, alles –"

„Alle außer dir selbst", sagte sie leise; „Dir war immer kalt."

"ICH!"

„Das warst du! Das warst du!", sagte sie scharf, verärgert über den Widerspruch. Doch sie besann sich schnell und fuhr mit nur einer bedauernden Traurigkeit in der Stimme fort:

„Immer kalt, immer sachlich. Morgens mit dem Kopf wackeln, abends mit dem Kopf rucken. Wenn ich mich über ein neues Kleid oder einen neuen Hut freute, hast du es nie bemerkt – bis die Rechnung kam. Du warst immer sachlich und absolut davon überzeugt, dass ich mit Leib und Seele dein war."

„Mein Gott, das ist zu viel!", rief er wütend. „Das ist ein guter Witz. Ich bin schuld – natürlich bin ich schuld!"

Sie trat einen Schritt von ihm weg und sagte:

„Hör zu! Nein, hör ruhig zu, denn ich gehe, wenn ich es dir gesagt habe."

Trotz allem verflog sein Ärger auf ihren ruhigen Befehl hin.

„Wenn ich zuhöre", dachte er, „ist alles vorbei."

Er glaubte immer noch, dass er Widerstand leistete, aber er wollte es hören, da er nie etwas anderes gewollt hatte – um zu erfahren, warum sie nicht zu dem anderen Mann ging.

„Ja, was passiert ist, ist nur natürlich", sagte sie, zog ihre Augenbrauen ein wenig zusammen und schien mehr mit sich selbst nachzudenken. „Es musste passieren, bevor ich meiner Liebe zu dir wirklich sicher sein konnte. Ihr Männer wisst es und wählt aus dem Wissen vieler Frauen. Eine Frau wie ich, die als Mädchen zu dir kommt, muss sich oft und oft fragen, ob Sie würde immer noch die gleiche Entscheidung treffen. Dann tritt ein anderer Mann in ihr Leben und sie stellt ihn auf die Probe, um ein für alle Mal die Antwort auf ihre Frage zu erfahren. Das war es, was mich dazu trieb, es zu versuchen Ich *könnte* dich verlassen – der Instinkt, den ich damals nicht verstand, den ich aber jetzt verstehe, wenn es zu spät ist."

„Ja, sie ist klug", dachte er bei sich, während er ihr zuhörte, und er begehrte sie umso mehr, je mehr er bewunderte, was er nicht für glaubwürdig hielt. Er fühlte, dass er überzeugt werden wollte, und sagte mit einem letzten wütenden Widerstand:

„Wirklich sehr schlau!"

Sie sah ihn mit ihrem klaren, grauen Blick an, ein Lächeln in den Augen, Traurigkeit auf den Lippen.

„Du weißt, dass es wahr ist."

Er antwortete nicht. Schließlich sagte er barsch :

„Und wann kam – kam die Veränderung zu Ihnen?"

„In der Kutsche, als jede Radumdrehung, jede vorbeiziehende Straße mich von Dir wegtrieb. Ich dachte an Dich – allein – verloren – und plötzlich wusste ich es. Ich schlug mit den Fäusten ans Fenster und rief dem Kutscher wie ein Verrückter zu. Ich weiß nicht, was ich sagte. Ich kam zurück."

Sie hielt inne und drückte die Tränen zurück, die ihr bei der Erinnerung in die Augen geschossen waren. Sie beherrschte sich, nickte kurz, ohne ihre Hand anzubieten, und ging zur Tür.

„Was! Ich muss sie zurückrufen!" Er sagte es sich und fügte wütend hinzu: „Niemals!"

Er ließ sie zur Tür gehen und schwor, dass er nicht vorgehen würde.

Als die Tür halb geöffnet war, schrie etwas in ihm: „Warte!"

Sie schloss leise die Tür, drehte sich aber nicht sofort um. Ihre Handflächen waren nass vom kalten, ängstlichen Schweiß dieses schrecklichen Augenblicks. Als sie zurückkam, kam sie mit einem verwunderten, schüchternen, mädchenhaften Ausdruck in den Augen zu ihm.

„Oh, Jack, wenn du nur könntest!" sagte sie, und erst dann streckte sie ihre Hände aus und ließ ihre Finger auf sein Herz drücken.

Im nächsten Moment wurde sie von seinen Armen hochgehoben, schrumpfte und war ganz still.

Auf einmal stieß er sie von sich und sagte barsch:

"Was war sein Name?"

„Nein, nein!"

„Nennen Sie mir seinen Namen", sagte er kläglich. „Ich muss ihn wissen."

„Nein – weder jetzt noch zu irgendeiner anderen Zeit", sagte sie fest, und ihr Blick, als er ihm begegnete, hatte wieder die alte Dominanz. „Das ist meine Bedingung."

„Ach, wie schwach ich war", sagte er sich mit einer letzten bitteren, instinktiven Auflehnung. „Wie schwach ich bin."

Sie sah und verstand.

„Wir müssen großzügig sein", sagte sie und änderte ihre Stimme schnell in einen sanfteren Ton. „Er hat schon genug Schmerzen erlitten. Er allein wird leiden. Und wenn Sie seinen Namen wüssten, würde Sie das nur unglücklich machen."

Er lehnte sich noch immer auf, doch plötzlich kam ihm ein Gedanke, den er zunächst nicht aussprechen wollte.

„Er weiß es nicht?"

Sie hat gelogen.

"NEIN."

„Er wartet immer noch – dort?"

"Ja."

„Ah, er wartet", sagte er zu sich selbst.

Ein Anflug von Eitelkeit, von Triumph über den Ausgestoßenen und Gedemütigten, loderte heftig in ihm auf und machte allen verbleibenden bitteren Erinnerungen ein Ende.

„Dann interessiert es dich?", sagte sie und legte ihren Kopf auf seine Schulter, damit er nicht sah, dass sie einen solchen Gedanken gelesen hatte.

„Sorgen?", rief er. Er hatte sich ergeben. Jetzt musste er überzeugt werden. „Als ich Ihren Brief erhielt, war ich außer mir. Ich wollte einen Mord begehen."

„Jackie!"

„Ich war wie ein Verrückter – alles war weg – nichts war mehr übrig."

„Oh, Jack, wie ich dich leiden ließ!"

„Leiden? Ja, ich habe gelitten!" Überwältigt von dem wiederkehrenden Schmerz der Erinnerung ließ er sich auf einen Stuhl fallen und versuchte, seine Stimme zu kontrollieren. „Ja, ich habe gelitten!"

"Verzeihen Sie mir!" sagte sie, kniete neben ihm nieder und vergrub ihren Kopf in seinem Schoß.

„Ich war verrückt – ich weiß nicht, was ich getan habe, was ich gesagt habe. Es war, als ob eine Bombe explodiert wäre. Mein Leben war zerstört, zerstört – nichts war mehr übrig."

Er spürte die Trauer erneut, noch stärker. Er litt für das, was er erlitten hatte.

„Jack, ich hätte dich nie wirklich *im Stich lassen können* ", weinte sie bitter. Sie hob den Blick zu ihm und bemerkte plötzlich die Fahrpläne, die er in seinen Händen hielt. „Oh, du wolltest weggehen!"

Er nickte, unfähig zu sprechen.

„Du bist weggelaufen?"

„Ich bin weggelaufen – um zu vergessen – um mich zu begraben!"

„Oh, Jack!"

„Hier war nichts. Es war alles leer! Ich rannte weg – um mich zu begraben!"

Bei der Erinnerung an diesen elenden, hoffnungslosen Moment, in dem er sich zur Flucht entschlossen hatte, liefen ihm die nicht länger zu leugnenden Tränen über die Wangen.

DIE LÜGE

I

Eine Zeitlang hatten sie aufgehört zu sprechen, zu sehr bedrückt von der unnötigen Qual dieser letzten Nacht. Zu ihren Füßen sanken die winzigen, glänzenden Fenster von Etretat in die Nacht zurück, als versanken sie unter dem Aufkommen jener schwarzen, geheimnisvollen Flut, die leuchtend aus den dunklen Regionen des schwachen Himmels kam. Über ihnen waren die geschwollenen Auguststerne vor dem blassen Erröten verblasst, das in Richtung des Leuchtturms auf der Klippe den roten Aufgang des Mondes ankündigte.

Er hielt sich etwas abseits, um jedes noch so kleine Detail der seltsamen Frau besser wahrnehmen zu können, die unerklärlicherweise in sein Leben getreten war, und beobachtete die langen, trägen Arme, die sich zu einem impulsiven Griff ausstreckten, die dramatische Harmonie des Körpers, den grübelnden Kopf, die weiche, halb entblößte Linie des Halses. Die beunruhigende Alchemie der Nacht, die vor seinen Augen langsam die Erde mit dem Meer und das Meer mit dem Himmel vermischte, schien weniger geheimnisvoll als diese Frau, deren Körper so unbeweglich war wie die Stille in ihrer Seele.

Plötzlich spürte er in ihr, die er gekannt hatte, wie er keine andere gekannt hatte, etwas Unbekanntes, das Kommen einer anderen Frau, die zu einem anderen Leben gehörte, dem Leben der Oper und der Menge, das ihr wieder schmeicheln und berauschen würde. Der Sommer war ohne Zweifel vergangen, und nun überkam ihn plötzlich etwas Neues, Undefinierbares, gefärbt von der vagen Angst der Nacht, der Angst vor anderen Männern, die sich um sie drängen würden, im anderen Leben, wo er konnte nicht folgen.

Rund um die gegabelte Landzunge im Osten erschienen die Lichter des kleinen Paketschiffs nach England, die wie rote Asche in einem Rohr dem Horizont entgegenglitten. Es war das Signal für die Umarmung eines Liebenden, vor langer Zeit in der Fantasie erdacht und in Zärtlichkeit bewahrt.

„Madeleine", sagte er und berührte ihren Arm. „Da ist es – unser kleines Boot."

„Ah! *le p'tit bateau* – mit seinen komischen roten und grünen Augen."

Sie drehte sich um und legte ihre Lippen auf seine; und der Kuss, den sie nicht gab, sondern zuließ, schien nur von einer unbeschreiblichen Traurigkeit erfüllt zu sein, vom Ende aller Dinge, dem Zerreißen und der Taubheit der

Trennung. Sie nahm wieder ihre Stellung ein, ihre Augen auf das kleine Päckchen geheftet, und sagte:

"Es ist spät."

"Ja."

"Es geht schnell."

"Sehr."

Sie sprachen mechanisch, und dann gar nichts mehr. Die Angst vor dem Morgen war zu stark, um die Dinge zu sagen, die gesagt werden mussten. Plötzlich begann er mit der wilden Direktheit des Mannes, der sich in den Schmerz stürzt, den er erleiden muss:

„Es war wie Gift – dieser Kuss."

Sie drehte sich um, vergaß ihre eigene Qual in dem Schmerz in seiner Stimme und murmelte: „Ben, mein armer Ben."

„ Also wirst du – morgen", sagte er bitter, „zurück zu der großen Öffentlichkeit, die dich besitzen wird, und ich werde – hier allein bleiben."

„So muss es sein."

Plötzlich verspürte er einen Impuls, den er noch nie zuvor gespürt hatte, einen Instinkt, sie ein wenig leiden zu lassen. Er sagte brutal:

„Aber du willst gehen!"

Sie antwortete nicht, aber in der Dunkelheit wusste er, dass ihre großen Augen sein Gesicht suchten. Er schämte sich für das, was er gesagt hatte, und da sie nichts dagegen tat, beharrte er darauf:

„Du hast deinen Schmuck weggelassen, diesen Schmuck, auf den du nicht verzichten kannst."

"Nicht heute Nacht."

„Sie, der ohne sie nie glücklich ist – warum nicht heute Abend?"

Als er, von Eifersucht auf das, was dahintersteckte, mitgerissen, fortfahren wollte, legte sie ihre Finger auf seine Lippen und bewegte dabei ihre Schultern ein wenig brüsk und nervös.

„Nicht – du verstehst das nicht."

Aber er verstand und ärgerte sich darüber, dass sie die lange Perlenkette und die Ringe aus Rubinen und Smaragden abgelegt hatte, die zu ihrer dunklen Schönheit so natürlich zu passen schienen wie die Rosen zum Frühling. Er hatte versucht, ihre weibliche Natur zu verstehen, zu glauben, dass noch keine Erinnerung an sie zurückgeblieben war, ohne Fragen zu akzeptieren, was nie zu ihrem gemeinsamen Leben gehört hatte, und als er sich daran erinnerte, was er bekämpft hatte, dachte er bitter:

„Sie hat mich mehr verändert, als ich sie verändert habe. So ist es immer."

Sie bewegte sich ein wenig, ihre Pose veränderte sich mit instinktivem Gespür für Dramatik mit ihrer wechselnden Stimmung.

„Glaube nicht, dass ich dich nicht verstehe", sagte sie leise.

"Was verstehst du?"

„Es tut dir weh, weil ich zurückkehren möchte."

„Das ist nicht so, Madeleine", sagte er plötzlich. „Du weißt, welche großen Dinge ich von dir möchte."

„Ich weiß – nur du möchtest, dass ich das Gegenteil sage – um zu protestieren, dass ich alles aufgeben würde – sei zufrieden damit, mit dir allein zu sein."

„Nein, das nicht", sagte er widerwillig, „und doch würde ich heute Abend – hier – gerne das Gegenteil von dir hören."

Sie lachte leise und ergriff seine Hand etwas fester.

„Das missfällt dir?"

„Nein, nein, natürlich nicht!" Dann fügte sie mit Mühe hinzu:

„Wir haben uns so viel zu sagen, aber uns fehlt der Mut."

„Stimmt, wir haben den ganzen Sommer nie darüber gesprochen, was danach kommen muss."

„Ich möchte, dass du verstehst, warum ich auf alles zurückkomme, warum ich mir jedes Jahr wünsche, von dir getrennt zu werden – ja, genau, von dir", fügte sie hinzu, während sich seine Finger mit einer unwillkürlichen Bewegung zusammenzogen. „Ben, was zu mir gekommen ist, hätte ich nie erwartet. Ich liebe, aber weder dieses noch ein anderes Wort kann ausdrücken, wie vollkommen ich zu dir geworden bin. Als ich dir mein Leben erzählte, hast du dich nicht gefragt, wie schwierig es für dich war." Ich glaube, dass so etwas möglich sein könnte, und was für mich geschehen ist, habe ich nur für diese große Liebe gelebt Glaube, was ich fühle. Sie beugte sich schnell zu ihm und erlaubte ihm, sie in seinen starken Armen an sich zu ziehen. Dann löste sie sich langsam und fuhr fort: „Du bist ein wenig verletzt, weil ich nicht schreie, was du nicht akzeptieren würdest, weil ich nicht sage, dass ich alles aufgeben würde, wenn du es darum bitten würdest."

„Es ist nur, um es zu *hören* ", sagte er impulsiv.

„Aber ich habe es mir selbst oft gewünscht", sagte sie langsam. „Es vergeht kein Tag, an dem ich es mir nicht gewünscht habe – alles aufzugeben und bei Dir zu bleiben. Weißt Du, warum? Wegen der Sehnsucht, die jetzt in mir ist, der ersten selbstlosen Sehnsucht, die ich je hatte – mich auf irgendeine Weise für Dich aufzuopfern. Es ist mehr als ein Hunger, es ist ein Bedürfnis der Seele – meiner Liebe selbst. Manchmal überkommt es mich, wenn mir Tränen in die Augen steigen, wenn Du weg bist, und ich sage mir: ‚Ich liebe ihn', und doch, Ben, werde ich meine Karriere nicht aufgeben, nicht jetzt, nicht in den nächsten Jahren."

„Nein", sagte er mechanisch.

„Wir sind zwei große Idealisten, denn dazu hast du mich gemacht, Ben. Früher habe ich immer gelacht und an nichts geglaubt. Ich habe sogar das verachtet, was mein Opfer gewonnen hatte. Jetzt, wo ich bei dir bin, bleibe ich drin." Eine Träumerei, und ich bin glücklich – glücklich über das Glück der Dinge, die ich an deiner Seite nicht verstehen kann, es kommt mir vor, als hätte ich die Nacht zuvor nie gespürt oder das Geheimnis der stillen, schwachen Stunden gekannt ließ mich die Einsamkeit der menschlichen Seele spüren und den Impuls, den sie angesichts dieser Dinge haben muss, die über uns hinausgehen, die uns umgeben, uns beherrschen und sich fast voller Angst an eine andere Seele klammern Als ob du mich selbst erschaffen hättest, wüsste ich alles andere als das, was du in mir geweckt hast, und weil ich dieses Wissen und diesen Hunger habe , kann ich klarer erkennen, was wir tun müssen wenig Romanik , aber denken Sie daran, dass selbst eine große Liebe ermüden und abgestanden sein kann, und das ist es, was ich nicht haben werde, was nicht sein darf. Ihre Stimme war mit der Intensität ihrer Stimmung lauter geworden. Sie sagte feierlicher: „Du hast Angst vor anderen Menschen, vor anderen Stimmungen von mir – du hast keinen Grund. Diese Liebe, die für manche wie das Erwachen des Lebens ist, ist für mich das Ende aller Dinge. Wenn irgendetwas sie verletzen sollte oder." schmälere es, ich sollte es nicht überleben.

Sie sprach weiter mit leiser, gleichbleibender Stimme. Er spürte, wie sein Geist klar wurde und seine Zweifel sich auflösten, und ungeduldig wartete er darauf, dass sie aufhörte, um ihr zu zeigen, dass seine momentane Schwäche verschwunden war und dass er immer noch der Mann mit der großen Vision war, der sie geweckt hatte.

„Es gibt Menschen, die ihre Liebe so in Ordnung bringen können, wie sie ihr Haus in Ordnung bringen. Wir sind nicht von dieser Art, Ben. Ich bin eine Frau, die von Empfindungen gelebt hat. Auch Sie sind eine Träumerin und eine Dichterin." Wenn ich die Oper aufgeben und für Sie einfach eine Hausfrau werden würde, wenn es keine Schwierigkeiten mehr gäbe, einander zu haben, würden Sie mich immer noch lieben – ja, weil Sie treu sind –, aber die Romantik, das Geheimnis, Die Sehnsucht, die wir beide brauchen, würde verschwinden. Nun, du und ich, wir sind gleich. Wir können nur von einer großen Leidenschaft leben, und um heftige, unaussprechliche Freuden zu haben, müssen wir auch das Leid der Trennung ertragen. Verstehst du?"

"Ja, das tue ich."

„Deshalb werde ich meine Karriere nie aufgeben. Deshalb kann ich die Traurigkeit ertragen, dich zu verlassen. Ich möchte, dass du stolz auf mich bist, Ben. Ich möchte, dass du mich als jemanden siehst , den Tausende begehren und den nur du haben kannst. Ich möchte, dass unsere Liebe so intensiv ist, dass jeder Tag, den wir getrennt verbringen, schwer ist von der Sehnsucht nacheinander; jeder gemeinsame Tag kostbar, weil er einen Tag näher an die schreckliche Ankunft einer weiteren Trennung bringt. Glaub mir, ich habe recht. Ich habe viel darüber nachgedacht. Du hast deine diplomatische Karriere und deine Ambitionen. Du bist stolz. Ich habe dich nie gebeten, das aufzugeben, um mir zu folgen. Ich würde dich nicht beleidigen. Im Januar wirst du Urlaub haben, und wir werden ein paar wundervolle Wochen zusammen sein, und im Mai werde ich hierher zurückkehren. Nichts wird sich ändern." Sie streckte ihren Arm dorthin, wo noch ein schwacher roter Punkt auf dem unsichtbaren Wasser zu sehen war. „Und jede Nacht werden wir warten, wie wir Seite an Seite gewartet haben, auf die Ankunft unseres kleinen Bootes – *notre kleines Boot* "

„Du hast recht", sagte er und legte seine Lippen auf ihre Stirn. „Ich war eifersüchtig. Es tut mir leid. Es ist vorbei."

„Aber ich bin auch eifersüchtig", sagte sie lächelnd.

"Du?"

„Natürlich – niemand kann lieben, ohne eifersüchtig zu sein. Oh, ich werde Angst vor jeder Frau haben, die dir zu nahe kommt. Es wird eine Qual sein", sagte sie, und das Feuer in ihren Augen brachte ihm mehr heilsames Glück als alle ihre Worte.

„Du hast recht", wiederholte er.

Er verließ sie mit einem leichten Handdruck und ging zum Rand der Veranda. Mit dem Vollmond kam eine nervöse, seufzende Brise, und unter ihm hörte er das unruhige Rascheln der Blätter in der Dunkelheit, das Sieben und Treiben müder, loser Dinge, die Bewegung der Nacht, die eine unruhige Stimmung in ihm weckte seine Seele. Er hatte ihr zugehört, als sie ihre Liebe verkündete, und doch erinnerte ihn diese Liebe ohne Illusionen deutlich an andere Leidenschaften. Er erinnerte sich an seine erste Liebe, eine Affäre zwischen einem Jungen und einem Mädchen, und kontrastierte sie scharf mit einem plötzlichen Schmerz über diese Abwesenheit von Impulsen und

Illusionen, von Phrasen, Gelübden, ohne Logik, die im süßen Wahnsinn des Augenblicks verworfen wurden. Warum hatte sie nicht etwas Impulsives geschrien und Dinge versprochen, die nicht sein konnten? Dann wurde ihm klar, als er dort im Herbstmondlicht stand, mitten im anbrechenden Sommer, dass er kein Jugendlicher mehr war, dass bestimmte Dinge nicht mehr durchlebt werden konnten und dass auch er, wie sie gesagt hatte, das Gefühl hatte, dass dies der Fall sei große Liebe, die letzte, die er teilen würde; dass, wenn es endete, seine Jugend endete und mit dieser Jugend alles, was in ihm war, am Leben festhielt.

Er drehte sich um und sah sie, das Kinn auf ihrer Handfläche, wie sie seiner Stimmung folgte. Er hatte nur ein Dutzend Schritte zurückgelegt und doch tausend Meilen zwischen ihnen zurückgelegt. Er hatte fast ein Gefühl des Verrats, und um diese neuen unruhigen Gedanken zu zerstreuen, wiederholte er noch einmal:

"Sie hat Recht."

Aber er kehrte nicht sofort zurück. Die Erinnerung an andere Lieben, so schwach sie im Vergleich zu diesem alles absorbierenden Impuls auch gewesen waren, hatte ihm dennoch eine gewisse objektive Sichtweise gegeben. Er sah sich selbst klar und verstand, welchen Schmerz die Zukunft für ihn bereithielt.

„Wie ich leiden werde!" er sagte zu sich selbst.

„Du entfernst dich so weit von mir", sagte sie plötzlich, gewarnt durch den Instinkt einer Frau.

Er war überrascht über die Verbindung ihrer Worte mit seiner Stimmung. Er kam hastig zurück und setzte sich neben sie. Sie nahm seinen Kopf in ihre Hände und sah ihm besorgt in die Augen.

„Was ist los?", fragte sie. „Du hast Angst?"

„Ein bisschen", sagte er widerstrebend.

„Wovor – vor den kommenden Monaten?"

„Aus der Vergangenheit."

„Was meinst du?", sagte sie und zog sich ein wenig zurück, als ob sie der Gedanke beunruhigte.

„Wenn ich bei dir bin , weiß ich, dass es keinen Winkel deines Herzens gibt, den ich nicht besitze", begann er ausweichend.

"Also?"

„Nur es ist die Vergangenheit – die Gewohnheiten der Vergangenheit“, murmelte er. „Ich kenne dich so gut, Madeleine, du brauchst Kraft, du gehst nicht alleine weiter. Das ist die Genialität von Frauen wie dir – Männer auszustrecken und an sich zu binden, die sie stärken und weitertreiben.“

„Ah, ich verstehe“, sagte sie langsam.

„Ja, davor habe ich Angst“, sagte er schnell.

„Sie denken an den Künstler, nicht an die Frau.“

„Ach, da gibt es keinen Unterschied – nicht für einen Mann, der liebt“, sagte er impulsiv. „Ich weiß, wie groß deine Liebe zu mir ist, und ich glaube daran. Ich weiß, dass nichts sie auslöschen kann. Nur du wirst einsam sein, du wirst deine Prüfungen und Ärgernisse haben, Tage der Depression, des Zweifels, an denen du jemanden brauchst, der dir deinen Glauben an dich selbst und deinen Mut bei der Arbeit wiedergibt, und dann, das sage ich nicht, wirst du jemanden anderen lieben , aber du wirst jemanden in deiner Nähe brauchen, der dich liebt und dir immer zu Diensten ist –“

„Wenn du mich nur verstehen könntest“, unterbrach sie ihn. „Männer, andere Männer, sind für mich wie Schauspieler. Wenn ich auf der Bühne stehe, wenn ich Manon spiele, glaubst du, ich sehe, wer Des Grieux spielt ? Überhaupt nicht. Er ist da, er gibt mir meine *Replik* .“ Er erregt meine Nerven, ich sage tausend Dinge vor mich hin, wenn ich in seinen Armen liege, verehre ich ihn, aber wenn der Vorhang fällt, verlasse ich die Bühne und sage ihm nicht einmal gute Nacht.

„Aber er, er weiß das nicht.“

„Natürlich nicht, das tun Tenöre nie. Nun, so habe ich eben gelebt, so haben Männer für mich gestanden. Sie geben meinen Launen, meinen Bedürfnissen das *Gegenstück* , und wenn ich sie nicht mehr brauche, gehe ich in aller Ruhe. Das ist alles. Ich nehme von ihnen, was ich will. Natürlich werden sie um mich sein, aber sie werden mir nichts bedeuten. Sie werden wie Manager, Presseagenten, Schauspieler sein. Verstehen Sie das nicht?“

„Ja, ja, ich verstehe“, sagte er ohne Ernsthaftigkeit. Dann platzte es aus ihm heraus: „Trotzdem wünschte ich, du hättest es nicht gesagt.“

"Warum?"

„Ich kann es nicht so sehen wie Sie, und außerdem säen Sie Zweifel in mir, die ich nie spüren möchte.“

„Welcher Zweifel?“

„Habe ich dich wirklich oder nur eine Laune von dir?“

„Ben!“

„Ich weiß. Ich weiß. Nein, ich werde solche Dinge nicht denken. Das wäre unwürdig dessen, was wir gefühlt haben." Er hielt einen Moment inne, und als er wieder sprach, hatte er seine Stimme unter Kontrolle. „Madeleine, erinnere dich gut daran, was ich dir jetzt sage. Ich werde wahrscheinlich nie wieder mit so absoluter Wahrheit zu dir sprechen oder es mir selbst eingestehen. Ich akzeptiere die Notwendigkeit der Trennung. Ich kenne alle Leiden, die sie mit sich bringen wird, alle Zweifel, die unvernünftigen Eifersüchteleien. Ich bin erfahren genug, um zu verstehen, was du mir gerade vorgeschlagen hast, aber als Mann, der dich liebt, Madeleine, werde ich es nie verstehen, dass ein Dutzend Männer in dein Leben treten könnten. Ich interessiere mich intensiv für dich, fessele dich sogar für eine Weile, und dass sie dir in dem Moment, in dem ich komme, immer noch nichts bedeuten würden. Nun, ich bin anders. Während du weg bist, werde ich keine Frau ohne Groll sehen. Ich werde an niemanden außer an dich denken , und wenn ich es täte, würde ich aufhören, dich zu lieben.

"Aber warum?"

„Weil ich nichts von dem teilen kann, was dir gehört. Das ist meine Natur. Es hat keinen Sinn, das Gegenteil vorzutäuschen. Deine ist anders und ich verstehe, warum das so ist. Ich habe vielen Vertraulichkeiten zugehört, viele Leben verstanden, die andere Ich habe immer behauptet, dass es für einen Menschen selbstverständlich ist, viele Male zu lieben – auch wenn er im selben Herzen eine große, überwältigende Liebe und eine kleine Liebe haben könnte – mit meinem Verstand . Ich weiß, dass es so ist. Das sind die Dinge, die wir gemeinsam in der menschlichen Natur analysieren. Ich weiß, dass es für mich nicht wahr ist. Ich bin neidisch auf alles, was in der Vergangenheit passiert ist – ach, wahnsinnig eifersüchtig, ich weiß, sobald du weg bist, werden mich die lächerlichsten Zweifel quälen, dich im Mondlicht auf der anderen Seite dieses endlosen Meeres mit anderen Männern in deiner Nähe zu sehen Ich werde von anderen Männern mit Millionen träumen, die bereit sind, Ihnen alles zu geben, was Ihre Augen lieben. Ich werde mir Männer mit großen Köpfen vorstellen, die Sie faszinieren werden. Ich würde mir sogar sagen, dass Sie jetzt, da Sie wissen, was eine große Liebe bedeuten kann, umso wahrscheinlicher sein werden, dass Sie sie brauchen und nach etwas suchen, um sie zu fälschen –"

„Ben, mein armer Ben – schrecklich", murmelte sie.

„So ist es. Soll ich dir noch etwas sagen?"

"Was?"

„Ich wünschte inständig, du hättest mir nie ein Wort von – der Vergangenheit erzählt."

„Aber wie kann man so etwas sagen? Wir waren ehrlich zueinander. Sie selbst
–"

„Ich weiß, ich weiß, ich habe selbst kein Recht, und doch ist es da. Es ist
etwas Schreckliches, dieser Wahnsinn der Besessenheit, der über mich
kommt. Nein, ich habe keine Angst, dass ich nicht immer der Erste in deinem
Herzen sein werde, Nur ich verstehe die Bedürfnisse, die Gewohnheiten
Ihrer Natur, ich verstehe mich jetzt wie nie zuvor, und deshalb sage ich Ihnen
feierlich, Madeleine, wenn jemals ein anderer Mann in Ihr Leben treten sollte
– niemals, niemals , lass es mich wissen."

"Aber-"

„Nein, sag nichts, woran ich mich erinnern könnte, um mich zu quälen. Lüg
mich an."

„Ich habe nie gelogen."

„Madeleine, es ist besser, barmherzig zu sein, als die Wahrheit zu sagen, und
was bedeutet so ein Geständnis schließlich? Es bedeutet nur, dass man sein
Gewissen befreit und dass die Wunde – der Schmerz – beim anderen bleibt.
Was auch immer passiert." , sag es mir nie. Verstehst du?"

Diesmal gab sie keine Antwort. Sie hörte sogar auf, ihn anzusehen, ihr Kopf
war nach hinten geneigt, ihre Arme bewegungslos, ein Finger drehte sich nur
langsam auf der wellenförmigen Armlehne ihres Stuhls.

„Ich werde mit aller Kraft versuchen, diese Frage nie zu stellen", fuhr er
hastig fort. „Ich weiß, ich werde hundert Gelübde ablegen, es nicht zu tun,
und ich weiß, dass es mir beim ersten Blick in Ihr Gesicht herausplatzen wird.
Ach, wenn – wenn – wenn es so sein muss, lassen Sie es mich nie wissen,
denn es gibt Gedanken, die ich nicht ertragen kann, jetzt, da ich Sie kenne."
Er warf sich an ihre Seite und nahm sie grob in die Arme. „Madeleine, ich
weiß, was ich sage. Ich werde Ihnen später vielleicht das Gegenteil sagen. Ich
werde es vielleicht leichtfertig sagen und so tun, als sei es unwichtig. Ich
werde Sie vielleicht mit Tränen in den Augen um die Wahrheit anflehen –
ich werde Ihnen schwören, dass zwischen uns nichts als Ehrlichkeit zählt,
dass ich alles verstehen, vergeben und vergessen kann. Also, was auch immer
ich sage oder tue, lassen Sie es mich nie, nie wissen – wenn Ihnen mein
Glück, mein Seelenfrieden, ja sogar mein Leben wichtig sind!"

Sie legte ihre Hand auf seine Lippen und dann auf seine Stirn, um ihn zu
beruhigen, und zog seinen Kopf an ihre Schulter.

„Hör zu, Ben", sagte sie sanft. „Ich, die Madeleine Conti, die dich liebt, bin
ein anderes Wesen. Ich bete dich so an, dass ich alle anderen Männer hassen
werde, so wie du alle anderen Frauen hassen wirst. Es wird nie die geringste
Täuschung oder Untreue zwischen uns geben. Stelle mir jederzeit alle

möglichen Fragen. Ich weiß, dass es von nun an nur noch eine Antwort geben kann. Hab keine Angst. Ermüde dich nicht in einem sinnlosen Fieber. Es bleibt so wenig Zeit. Ich liebe dich."

Noch nie hatte er ihre Stimme so tief, aufrichtig und zärtlich gehört, und doch, als er sich der Berührung ihrer weichen Hände hingab und alle seine Zweifel aufgab, wurde er sich bewusst, wie sich eine neue Angst in sein Herz schlich. Unzufrieden mit dem, was er selbst einen Moment zuvor angefleht hatte, sagte er sich im Flüsterton „Ich glaube dir":

„Sagt sie das, weil sie es glaubt oder hat sie angefangen zu lügen?"

II

Sieben Jahre lang führten sie dasselbe Leben, manchmal für drei Monate getrennt, manchmal für sechs Monate, einmal wegen einer fast einjährigen Reise nach Südamerika.

Als er nach fünf Monaten der Sehnsucht das erste Mal zu ihr kam, blieb er eine Woche lang ohne die Worte auszurufen, die ihm schwer auf dem Herzen lagen. Eines Tages sagte sie zu ihm:

„Was ist da – hinter deinen Augen, verborgen, das du unterdrückst?"

„Weißt du", platzte es aus ihm heraus.

"Was?"

„Ach, ich habe versucht, es nicht zu sagen, es zu verdrängen. Ich kann nicht – es übersteigt meine Kräfte. Ich werde keine Ruhe finden, bis es gesagt ist."

"Dann sag es."

Er nahm ihr Gesicht in seine beiden Hände und sah ihr in die Augen.

„Seit ich weg bin", sagte er brutal, „gibt es in deinem Herzen niemanden mehr? Du bist mir und unserer Liebe treu geblieben?"

„Ich war ehrlich", antwortete sie mit einem kleinen Lächeln.

Er blickte sie lange an und überlegte, ob er schweigen oder weitermachen sollte, und dann, plötzlich überzeugt, brach er in Tränen aus und flehte sie um Verzeihung an.

„Oh, ich hätte es nicht fragen sollen – verzeih mir."

„Tu, was für dich am einfachsten ist, meine Liebe", antwortete sie. „Es gibt nichts zu vergeben. Ich verstehe alles. Ich liebe dich dafür."

Nur stellte sie ihm nie Fragen, und das beunruhigte ihn.

Beim zweiten Mal hatte der Bericht ihren Namen mit einem Gabriel Lombardi in Verbindung gebracht, einem großartigen Bariton, mit dem sie auftrat. Als er ankam, drehte er sie, sobald sie allein waren, in seinen Armen herum und rief mit erstickter Stimme:

„Schwöre mir, dass du treu warst."

"Ich schwöre."

„Gabriel Lombardi"?

„Ich kann ihn nicht ausstehen".

„Ah, wenn ich dir nie gesagt hätte, du sollst mich anlügen – ich war ein Narr.“

Dann sagte sie ruhig, mit der tiefen Überzeugung, die ihn immer bewegte: „Ben, als du mich das gefragt hast, habe ich dir gesagt, dass ich niemals lügen würde. Ich habe dir die Wahrheit gesagt. Kein Mann hatte jemals den Druck meiner Finger, und Kein Mensch wird es jemals tun.

Seine Gefühle waren so intensiv gewesen, dass er beinahe einen Anfall bekommen hätte. Als er die Augen öffnete , sah er, dass ihr Gesicht tränennass war.

„Ach, Madeleine“, sagte er, „ich bin brutal zu dir. Ich kann nichts dagegen tun.“

„Ich möchte nicht, dass du mich anders liebst“, sagte sie sanft, und durch ihre Tränen schien er ein schwaches, flüchtiges Lächeln zu sehen, das schnell verschwand, wenn es überhaupt jemals da gewesen war.

Ein anderes Mal sagte er zu sich selbst: „Nein, ich werde nichts sagen. Sie wird von selbst zu mir kommen, ihre Arme um mich legen und mir lächelnd sagen, dass sie die ganze Zeit über keinen anderen Gedanken im Herzen hatte. Das ist alles. Wenn ich warte , wird sie den ersten Schritt machen, sie wird den ersten Schritt jedes Mal machen – und das wird viel besser sein.“

Er wartete drei Tage, aber sie machte keine Anspielung. Er wartete noch einen weiteren und sagte dann leichthin:

„Sehen Sie, ich bin dabei, mich zu ändern.“

"Wie so?"

"Ich stelle doch keine dummen Fragen mehr ."

"Das ist so."

"Trotzdem-"

„Und?“, sagte sie und sah auf.

„Trotzdem haben Sie vielleicht erraten, was ich wollte“, antwortete er ein wenig verletzt.

Sie stand rasch auf, kam leichtfüßig auf ihn zu und legte ihre Hand auf seine Schulter.

„Ist es das, was du dir wünschst?“, sagte sie.

"Ja."

Sie wiederholte langsam ihre Beteuerungen und sagte, als sie geendet hatte: „Nimm mich in deine Arme – tu mir weh.“

„Jetzt wird sie es verstehen", dachte er, „das nächste Mal wird sie nicht warten."

Aber jedes Mal, obwohl er in Geduld seine Seele zum Märtyrer machte, war er gezwungen, die Frage anzusprechen, die ihm keine Ruhe ließ.

Er konnte nicht verstehen, warum sie ihm diese nutzlose Qual nicht ersparte. Manchmal, wenn er eine Ausrede finden wollte, sagte er sich, es sei, weil sie sich gedemütigt fühlte, dass er immer noch zweifeln sollte. Ein anderes Mal stolperte er über Erklärungen, die ihm Angst machten. Dann erinnerte er sich mit Bitterkeit an das Versprechen, das er von ihr verlangt hatte, ein Versprechen, das ihm, anstatt ihm Frieden zu bringen, nur eine endlose Qual hinterlassen hatte, und alle seine Beteuerungen vergessend, rief er in kaltem Schweiß vor sich hin:

„Ah, wenn sie wirklich lügt, wie kann ich dann jemals sicher sein?"

III

Im achten Jahr zog sich Madeleine Conti von der Bühne zurück und gab ihre Hochzeit bekannt. Nach fünf Jahren vollkommenen Glücks wurde sie plötzlich krank, weil sie einem heftigen Sturm ausgesetzt war. Eines Nachmittags, als er an ihrem Bett wartete und in gebrochener Stimme von allem erzählte, was sie miteinander erlebt hatten, sagte er zu ihr mit einer Stimme, die er nervös zur Ruhe zu bringen versuchte:

„Madeleine, du weißt, dass unser gemeinsames Leben von Anfang an ohne den geringsten Schatten verlief. Du weißt, dass wir uns gegenseitig bewiesen haben, wie groß unsere Liebe war. In all diesen Jahren bin ich reifer und verständnisvoller geworden. Ich bereue nur eines." Und ich habe es jeden Tag bitter bereut, dass ich dich einmal gefragt habe, ob jemals ein anderer Mann in dein Leben getreten wäre, um es vor mir zu verbergen. Es war ein großer Fehler Ich habe nie aufgehört, es zu bereuen, dass es zwischen uns nicht das geringste Geheimnis geben sollte. Sag mir jetzt die Wahrheit Als wir acht Jahre lang getrennt waren, gab es bestimmt Zeiten, Zeiten der Einsamkeit, der Schwäche, in denen andere Männer in Ihr Leben traten.

Sie drehte sich um und sah ihn fest an. Ihre großen Augen wirkten durch das Fieber in ihren Wangen noch größer und strahlender. Dann machte sie eine kleine verneinende Bewegung mit ihrem Kopf und sah ihn immer noch an.

"Nein niemals."

„Du verstehst nicht, Madeleine", sagte er unzufrieden, „oder du denkst immer noch an das, was ich dir dort in Etretat gesagt habe. Das war vor dreizehn Jahren. Damals hatte ich gerade angefangen, dich zu lieben, ich hatte Angst vor der Zukunft, vor allem. Jetzt habe ich dich auf die Probe gestellt, und ich habe nie daran gezweifelt. Ich kenne den Unterschied zwischen Fleisch und Geist. Ich kenne deine beiden Persönlichkeiten; ich weiß, wie unmöglich es anders gewesen wäre. Jetzt kannst du es mir sagen."

„Es gibt nichts zu erzählen", sagte sie langsam.

„Ich habe erwartet, dass du andere Männer um dich hast, die dich lieben", sagte er fieberhaft. „Ich wusste, dass es so sein würde. Ich schwöre dir, ich habe es erwartet. Ich weiß, warum du es weiterhin leugnest. Es ist meinetwegen, nicht wahr? Ich liebe dich dafür. Aber glaube mir, in einem solchen Moment sollte nichts zwischen uns stehen. Madeleine, Madeleine, ich bitte dich, sag mir die Wahrheit."

Sie starrte ihn weiterhin unverwandt an, ohne ihre großen Augen abzuwenden, während er, sich selbst vergessend, fortfuhr:

„Ja, lass mich die Wahrheit wissen – das wird jetzt nichts sein. Außerdem habe ich es erraten. Nur muss ich es auf die eine oder andere Weise wissen. All diese Jahre habe ich im Zweifel gelebt. Du weißt, was es mir bedeutet. Du musst verstehen, was mir nach all unserem gemeinsamen Leben zusteht. Madeleine, hast du mich angelogen?“

"NEIN."

„Hör zu“, sagte er verzweifelt. „Sie haben mir nie die gleiche Frage gestellt – warum, ich habe es nie verstanden –, aber wenn Sie mich befragt hätten , hätte ich nicht wahrheitsgemäß antworten können, was Sie getan haben. Sie sehen, es gibt nicht mehr den geringsten Grund, warum Sie nicht die Wahrheit sagen sollten ."

Sie schloss halb die Augen – müde.

„Ich habe – die Wahrheit gesagt.“

„Ach, ich kann es nicht glauben“, rief er hingerissen. „Oh, verfluchter Tag, an dem ich dir erzählte, was ich getan habe. Das ist es, was mich quält. Du betest mich an – du willst mir nicht wehtun, mir keine Wunde hinterlassen, aber ich schwöre dir, wenn du mir die Wahrheit sagen würdest , würde ich eine große Last von meinem Herzen nehmen, eine Last, die all die Jahre da war. Ich würde wissen, dass mir jeder Winkel deiner Seele gezeigt wurde, nichts vorenthalten wurde. Ich würde es ganz genau wissen, Madeleine, glaub mir, wenn ich dir das sage, wenn ich es dir sage, muss ich es wissen. Jeden Tag meines Lebens habe ich die Strafe bezahlt, ich habe die Zweifel der Verdammten ertragen, ich habe nie eine Stunde Frieden gekannt! Ich bitte dich, ich flehe dich an, lass mich nur die Wahrheit wissen; die Wahrheit – ich muss die Wahrheit wissen!“

Er hielt plötzlich inne, zitterte am ganzen Leib und streckte ihr die Hände entgegen, sein Gesicht war von Schmerz gezeichnet.

„Ich habe nicht gelogen“, sagte sie langsam, nachdem sie lange nachgedacht hatte. Sie hob die Augen, bekreuzigte sich schwach und flüsterte: „Das schwöre ich.“

Dann konnte er seine Tränen nicht mehr zurückhalten. Er ließ den Kopf hängen, und sein Körper bebte vor Schluchzen, während er von Zeit zu Zeit wiederholte: „Gott sei Dank, Gott sei Dank.“

IV

Am nächsten Tag verschlechterte sich Madeleine Contis Zustand plötzlich, was die Pfleger überraschte. Doktor Kimball, der amerikanische Arzt, und Père François, der ihr die letzte Ölung gespendet hatte, gingen zusammen in dem kleinen Garten spazieren, wo die Sonne kurze, leuchtende Schatten des verstreuten Laubes auf sie warf.

"Sie war eine außergewöhnliche Künstlerin und ihr Leben war noch außergewöhnlicher", sagte Dr. Kimball. "Ich hörte ihr Debüt an der Opéra Comique. Zehn Jahre lang war ihr Name das Klatschgespräch in ganz Europa. Dann lernt sie plötzlich einen Mann kennen, den niemand kennt, verliebt sich und verwandelt sich. Diese Frauen sind wirklich außergewöhnliche Beispiele für Hysterie. Jedes Mal, wenn ich eine von ihnen kenne, verstehe ich das wissenschaftliche Phänomen der Maria Magdalena. Es ist wirklich ein Fall einer Nervenreaktion. Das moralische Fieber, das am heftigsten ist, verbrennt am schnellsten und scheint keine Spuren zu hinterlassen. In diesem Fall kam die Liebe auch als religiöse Bekehrung. Ich würde sagen, die Phänomene waren identisch."

„Sie war glücklich", sagte der Pfarrer und wandte sich zum Gehen.

„Ja, es war eine großartige Romanze."

„Eine Seltenheit. Sie hat ihn angebetet. Liebe ist eine Flut, die alles reinigt."

„Dennoch war sie bis zum Schluss auf der Bühne. Sie wissen, dass sie ihren Mann am Ende nicht im Raum haben würde."

„Sie hatte ein großes Herz", sagte der Pfarrer ruhig. „Sie wollte ihm dieses Leid ersparen."

„Sie hatte einen außergewöhnlichen Willen", sagte der Arzt und warf ihm einen schnellen Blick zu. Er fügte zögernd hinzu: „Sie stellte zwei Fragen, die neugierig genug waren."

„In der Tat", sagte der Pfarrer und verweilte einen Moment mit der Hand auf dem Tor.

„Sie wollte wissen, ob Personen im Delirium über die Vergangenheit sprachen und ob nach dem Tod das Gesicht wieder zur Ruhe zurückkehrte."

„Was haben Sie ihr über die Auswirkungen des Deliriums gesagt?" sagte der Pfarrer mit ausdruckslosem Gesicht.

„Das war ein schwer zu entscheidender Punkt", sagte der Arzt langsam. „Zweifellos vermischt sich bei einem Delirium alles, das Reale und das

Eingebildete, die Erinnerung und die Fantasie, die tatsächliche Erfahrung und das innere Traumleben des Geistes, das so schwer einzuordnen ist. Danach ließ sie ihren Mann versprechen, sie nur zu sehen, wenn sie bei Bewusstsein war, und sich zuletzt fernzuhalten."

„Das ist leicht zu verstehen", sagte der Pfarrer ruhig, ohne dass sich der Ausdruck auf seinem Gesicht änderte, das die Geheimnisse tausender Beichtstühle enthielt. „Wie Sie sagen, hatte sie zehn Jahre lang ein anderes Leben geführt. Sie hatte Angst, dass in ihrem Delirium eine Erwähnung dieser Zeit den Mann, der ihr Leben verändert hatte, unnötig verletzen könnte. Sie hatte großen Mut. Friede sei mit ihrer Seele."

„Trotzdem" – Doktor Kimball zögerte, als würde er über die Formulierung einer heiklen Frage nachdenken; aber Pater François machte ein kleines freundschaftliches Zeichen des Abschieds und verließ den Garten, und für einen Moment wurde sein leeres Gesicht von einem dieser seltenen Lächeln erhellt, wie man sie auf den Gesichtern heiliger Männer sieht; Lächeln, die in vollkommenem Glauben auf die Geheimnisse der kommenden Welt blicken.

SOGAR DREI

I

Seit dem historischen Tag, als einem besuchenden Geistlichen das Kunststück gelang, einen Ball vom zehnten Abschlag in einem Winkel von zweihundertfünfundzwanzig Grad in den Fluss zu ziehen, der der rechtmäßige Auffangbehälter für den achten Abschlag ist, hat der Stockbridge-Golfplatz dies getan Es gab siebzehn der achtzehn Löcher, die mit möglichen Wasserhindernissen versehen waren. Der bezaubernde Platz selbst liegt in der Ebene der versunkenen Wiesen, die die Housatonic in den wenigen tausend Jahren, die für die ordnungsgemäße Vorbereitung eines Golfplatzes erforderlich sind, gefällig aus den hohen, begleitenden Klippen gefressen hat. Der Fluss, der sich auf seinem Weg windet, als wäre er vor Heiterkeit erschüttert, ist mit üppigen Ulmen und Weiden geschmückt, die gelegentlich die zufälligen Scheiben einiger berüchtigter Amateure auf die schwierigen Putting-Greens lenken.

Von den spektakulären Klippen des gebildeten Dorfes Stockbridge kann man sich nichts Schöneres vorstellen als das Panorama, das der Golfplatz an einem anstrengenden Tag bietet. Über die weichen, grünen Strecken kann man winzige Caddies mit langen Knicknetzen huschen sehen, während von den Flussufern aus zahlreiche rücksichtslos freigelegte Beine in der Luft winken, während die geselligeren Teile hektisch über der wirbelnden Strömung hängen. Gelegentlich kann man beobachten, wie ein begeisterter Golfer, der vom achten oder neunten Abschlag abschlägt, sofort kopfüber einem abgelenkten Ball nachjagt, wobei der Schwung des Schlägers und der intuitive Sprung der Beine nach vorne eine so kontinuierliche Bewegung bilden, dass der Hauptzweck von Für den bloßen Zuschauer bleibt das Spiel oft verborgen. Näher, in den zahlreichen trägen Mulden, die die Natur großzügig geschaffen hat, um die Interessen der Hersteller zu schützen, oder in den welligen Flecken ungemähten Grases, die in den späteren Stunden von begeisterten Caddies bevölkert werden, verweilen verzweifelte Gruppen in botanisierender Haltung.

Jeden Morgen versammeln sich Anwälte, die ihre Mandanten vernachlässigen, Ärzte, die ihre Patienten vergessen haben, Geschäftsleute, die ihre Angelegenheiten geopfert haben, sogar Prediger des Evangeliums, die ihre Kirchen verlassen haben, in der lauten Umkleidekabine und hören mit unterwürfiger Aufmerksamkeit zu, während einige ungewaschen sind Ein Junge, der unter achtzig ist, gibt ein wenig von seinem wundersamen Wissen weiter.

Zwei Stunden später kehren von zehn, die so fröhlich ausgegangen sind, zwei niedergeschlagen und mutlos zurück, prangern das Spiel an und verzichten darauf, ein für alle Mal, absolut und endgültig, bis sie am Nachmittag wie Diebe in der Nacht zurückkehren und sich auf den Weg machen in einer verzweifelten Hoffnung; zwei weitere kommen mit noch offensiverem Enthusiasmus zurückgestampft; und der Rest schlendert launisch und desillusioniert nach Hause und belebt seinen gesunkenen Geist durch unmögliche Geschichten über vergangene Errungenschaften.

Irgendetwas an diesen Zusammenkünften in der Dämmerung lässt auf die Degeneration einer rauen Rasse schließen; auch ist die Kontamination nicht nur von lokaler Bedeutung. Es gibt diejenigen, die bewusst lügen, mit einem gewissen offenen, lobenswerten und vorbehaltlosen Sturz in die Ungerechtigkeit. Solche Männer kehren mit unverminderter intellektueller Kraft und einer natürlichen Reaktion auf den Dekalog zu ihren weltlichen Berufungen zurück. Andere mit eher kasuistischem Temperament, die nicht auf einmal in der Lage sind, die Traditionen eines neuenglischen Gewissens den Erfordernissen des Spiels zu unterwerfen, verfallen nicht sofort in die Lüge, sondern schwächen durch einen verwirrenden Prozess ihr Gedächtnis und verderben ihre Vorstellungskraft. Sie lügen nie über die Ereignisse des Tages. Vielmehr kehren sie zu einem Wirrwarr der vergangenen Woche zurück und machen sich mit nur noch anhaltenden Bedenken Illusionen, bis sie aus Gewohnheit etwas schaffen können, das in Wirklichkeit eine Form von Paranoia ist, den Größenwahn oder das übertriebene Ego. Solche mit Selbsttäuschung geimpften Männer kehren in die Außenwelt zurück, um andere zu täuschen, die Standards der Geschäftsmoral zu senken, die Politik zu verunreinigen und die Kraft der Republik zu gefährden. RN Booverman , der Schatzmeister, und Theobald Pickings, der wenig beneidete Sekretär einer wenig beneideten Horde, kamen an einem bestimmten günstigen Morgen Anfang August genau um zehn Uhr am ersten Abschlag an, um mit den sechsunddreißig Löchern zu beginnen, die sechsmal in der Woche Sechs Monate im Jahr spielten sie als sympathische und gut aufeinander abgestimmte Gegner zusammen. Ihre Intimität war vor allem dadurch entstanden, dass Pickings der einzige Mann war, der bereit war, Boovermans ruhelosen Dissertationen über die bösartigen Schicksale zuzuhören, die ihn selbst unter Vernachlässigung seiner internationalen Pflichten zu verfolgen schienen, während Booverman im fairen Austausch dafür sorgte, dass Pickings vergrößert wurde ad libitum über seine Theorie des rollenden gegenüber dem flachen Putting-Green.

Pickings war einer dieser korrekt geformten und pünktlichen Golfspieler, deren Haltung sich an klassischen Linien orientierte, deren Drive, obwohl er durchschnittlich nur 25 Yards pro 100 Yards betrug, immer eine gut geölte und anmutige Darstellung des königlichen St. Andrew's-Schwungs war. die linke Sohle nach oben geworfen, die Augäpfel vor der letzten Muskelanspannung hervortretend, der Schläger zurückgetragen, bis der ganze Körper in die erste Position der traditionellen Reifenschlange verdreht war, die sich darauf vorbereitet, einen Hügel hinunterzusteigen. Er benutzte den ineinandergreifenden Griff, trug eine Tasche mit einem Löffeltreiber, einen Aluminium- Cleek, drei ungewöhnliche Putter und trug einen Gämsenhandschuh mit Luftlöchern auf der Rückseite. Er absolvierte den Kurs nie in weniger als 85 Minuten und nie in mehr als 94 Stunden, aber da er sich zum Ziel gesetzt hatte, ein korrektes Beispiel zu geben und nicht vulgär nach professionellen Rekorden zu streben, befand er sich stets in einem Zustand offensiven Optimismus, der auf eine vollkommene Zufriedenheit mit der Mode zurückzuführen war.

Booverman hingegen wurde in seinen ersten Jahren als kommender Champion gefeiert. Mit drei eliminierten Löchern konnte er eine Karte abgeben, die sich durch ihre Vieren und Dreien auszeichnete; aber leider passierten diese traurigen Ausrutscher unvermeidlich. Wie Booverman selbst zugab, war sein Erscheinen auf dem Golfplatz das Signal für die kapriziösen Kobolde des Zufalls, die Politiker zu indiskreten Wahrheiten verleiten und den Balkan-Zwietracht-Topf am Brodeln halten, diese Hauptpflichten sofort aufzugeben und sich auf seine Kosten ein wenig zu entspannen.

Nun, in den ersten drei Jahren reagierte Booverman auf eine Weise, die Kobold und Teufel erfreute. Als er für die ersten sechs Löcher vierunddreißig stand, schnitt er in den Dschungel, und nachdem er zwanzig Minuten lang hektisch auf den Busch eingeschlagen hatte, musste er zugeben, dass er einen Ball verloren hatte und keine Punkte erzielt hatte. Er setzte sich sofort hin und riss große Grasbüschel auf vom Rasen und äußerte sich zur bewundernden Freude der Caddies, die seinen Strom impulsiver Schimpfwörter wohlwollend mit den entscheidenden Momenten ihres eigenen Privatlebens verglichen. Zu anderen Zeiten nahm er einen Schläger, der den Feind belästigte, fest in seine großen Hände und zerbrach ihn in vier Teile, die er in den Boden schlug und den Kopf selbst mit einer letzten teuflischen Geste in den Housatonic River schleuderte, der, wie auch immer, in den Housatonic River schleuderte wiederholt, windet sich wie vor Fröhlichkeit zuckend durch den Parcours.

Es gab bestimmte Bäume, gegen die er zwangsläufig prallte, bestimmte launische Flussbiegungen, wo er, egal wie er sich auch drehte, mit Sicherheit ankam. Unter dem Clubhaus gab es einen genau zehn Zoll breiten Raum, in dem nur seine Bälle verschwinden konnten. Er lief nie einen langen Putt hinunter, sondern hing immer am Rand des Lochs. Es war sein Gegner, der phänomenale Schläge vollführte, Annäherungen von 80 Yards, die ins Ziel dribbelten, Slice-Drives, die einen Zaun trafen und wieder auf den Platz zurückprallten. Nichts dieser angenehmen Art war ihm je passiert und konnte ihm auch nie passieren. Schließlich überkam ihn die Überzeugung einer gewissen vorherbestimmten Verdammnis. Er wehrte sich nicht mehr; seine einst ausgelassene Stimmung verwandelte sich in trübselige Verzweiflung. Nichts ermutigte ihn oder konnte ihn dazu verleiten, Hoffnung zu zeigen. Wenn er auf den ersten Löchern eine Vier und zwei Zweien schaffte , sagte er rachsüchtig:

„Was soll das? Ich verliere meinen Ball am Fünften.“

Und als dies geschah, fluchte er nicht mehr, sondern sagte düster und mit einem Gefühl der Genugtuung: „Sie können mich nicht aufregen. Wusste ich nicht, dass es passieren würde?“

Ab und zu platzte es aus ihm heraus: „Wenn sich mein Glück jemals ändert, wenn es ganz plötzlich passiert –“

Aber er beendete den Satz nie, weil er sich sozusagen schämte, einer so kindischen Fantasie nachgegeben zu haben. Doch wie die Vorsehung auf mysteriöse Weise ihre Wunder vollbringt, war es nur dieser unbesiegbare Pessimismus, der Booverman das unglaubliche Erlebnis ermöglichte, das ihm widerfuhr.

II

Themen, die einen geistig fesseln, sind auf dem Golfplatz schlechter Stil, da sie störende Erinnerungen im Gedächtnis hinterlassen und es von der absoluten geistigen Konzentration ablenken, die das Spiel erfordert. Daher bemerkten Pickings und Booverman , als sie sich auf den Weg zum überfüllten ersten Abschlag machten, *de rigueur* :

"Gutes Wetter."

"Ein kleines Kinderspiel."

„Nicht stark genug, um die Laufwerke zu beeinträchtigen.“

"Das Grün ist ausgebacken."

„So schnell, wie ich sie noch nie gesehen habe.“

"Na ja, mir wird das nichts helfen."

„Woher wissen Sie das?“, fragte Pickings höflich zum hundertsten Mal. „Vielleicht ist heute der Tag, an dem Sie Ihre Punktzahl bekommen.“

Booverman ignorierte diese abgedroschene Bemerkung, legte seinen Ball auf das Gestell, wo zwei seiner Vorgänger warteten, und ließ sich neben Pickings am Fuß der Ulme nieder, die ihm später, wie er wusste, einen Vierer auf dem Heimgrün rauben würde.

Wessels und Pollock, Vertreter der Literatur, bereiteten sich auf die Fahrt vor. Sie waren Konvertiten des Sommers und opferten beide ihre Saisonproduktion in dem verzweifelten Bemühen, den anderen zu übertreffen. Pickings, der Purist, war überhaupt nicht mit ihnen einverstanden. Sie brachten einen Geist böhmischer Respektlosigkeit und Geplänkel in das königliche und alte Spiel, der seine ernsthafte Begeisterung beleidigte.

Als Wessels krampfhaft nach seinem Ball schlug und glücklicherweise eine gute Distanz erreichte, bemerkte Pollock hinter vorgehaltener Hand: „Ein guter Schlag, verdammt!“

Wessels stellte sich in einer hoffentlich abwertenden Haltung auf und sah zu, wie Pollock ein Denkmal aus Sand baute, seinen Ball balancierte, nervös durch die Zähne pfiff und erfolgreich nach unten sprang. Daraufhin fluchte er entgegen der Etikette mit gleicher Inbrunst und sie machten sich auf den Weg.

Pickings warf Booverman einen überlegenen und kritischen Blick zu, doch in diesem Moment mischte sich gelassen ein dünner, dyspeptischer Mann mit undiszipliniertem Backenbart ein, ohne auf die Antworten auf die von ihm gestellten Fragen zu warten:

"Ideales Wetter, was? Bin heute Morgen aus Norfolk herübergekommen und mit fünfzig Meilen pro Stunde herübergefahren. Ganz schön viel, was? Man sagt mir, Sie haben hier eine ziemlich gute Strecke; Rekord um die einundsiebzig, nicht wahr? Da muss man jede Menge Wasser meiden? Sie, meine Herren, einige der Risse? Ziemlich schnell bei dem trockenen Wetter? Was halten Sie von dem einteiligen Fahrer? Mein Freund, Richter Weatherup. Mein Name ist Yancy – Cyrus P."

Ein schwerfälliger Mensch, der aussah, als wäre er für die Reise aufgepumpt worden, salutierte ernst, während sein fiebriger Begleiter weiterrollte:

„Ihr Platz ist ziemlich kurz, nicht wahr? Stellen Sie sich vor, er ist für einen geraden Driver ziemlich einfach. Was ist Ihr Rekord? Einundsiebzig Amateur ? Ziemlich hoch, nicht wahr? Gibt es hier viele Cracks? Caddies scheinen rar zu sein. Hat einer von Ihnen, meine Herren, jemals darüber nachgedacht, wie überraschend es ist, dass bei diesem Spiel keine besseren Ergebnisse erzielt werden? Nehmen Sie jetzt einundsiebzig; das ist nur eins unter vier, und ich wage zu behaupten, dass mindestens sechs Ihrer Löcher mögliche Zweien sind und alle anderen, irgendwann, in drei erzielt wurden. Aber Sie hören nie von phänomenalen Ergebnissen, oder, wie eine Glückssträhne beim Roulette oder Poker? Verstehen Sie, was ich meine?“

„Ich glaube, Sie sind an der Reihe, Sir“, sagte Pickings, niederschmetternd und parlamentarisch zugleich. „Es warten mehrere.“

Richter Weatherup schlug den Ball perfekt in das hohe Gras, wo eine erfolgreiche Suche im Durchschnitt zehn Minuten dauerte, während sein redseliger Begleiter mit enormem Kraftaufwand in die linke Senke schlitterte, die sowohl feucht als auch flüssigkeitsabweisend war.

„Sollen wir durchspielen?“, fragte Pickings mit förmlicher Genauigkeit. Er legte seinen Ball auf das Tee, machte genau acht volle Probeschwünge und schlug wie üblich 150 Yards direkt in die Mitte des Platzes.

„Nun, es ist gerade; das ist alles, was man dazu sagen kann“, sagte er, wie er es bei den nächsten siebzehn Abschlägen sagen würde.

Booverman verwendete diesen Slogan selten. Dieser gerade und schmale Weg gehörte nicht zu seiner religiösen Praxis. Er schlug einen langen Ball, und er schlug viele, die nicht in seine Tasche zurückkamen. Er blickte verärgert nach rechts, wo Richter Weatherup rittlings auf dem Zaun saß, und nach links, wo Yancy die Ochsenfrösche ärgerte.

„Verdammt!“, sagte er zu sich selbst. „ Natürlich werde ich es ihnen jetzt gleichtun.“

Doch ob die bösartige Kraft der Suggestion nun durch die Anziehungskraft in entgegengesetzte Richtungen neutralisiert wurde oder nicht, sein Schlag ging geradeaus und weit, wunderschöne zweihundertvierzig Meter.

„Ein guter Schuss, Mr. Booverman ", sagte Frank, der Profi, und nickte mit dem Kopf, „frei und locker, jede Menge Nachdruck."

„Sie sind heute auf Ihrer Fahrt", sagte Pickings fröhlich.

„Klar! Wenn mir am ersten Abschlag ein guter Drive gelingt", sagte Booverman entmutigt, „vermassle ich den Rest. Du wirst schon sehen."

„Ach, komm schon", sagte Pickings der Form halber. Er spielte seinen Schlag, der methodisch bis zum Rand des Grüns gelangte.

Booverman nutzte seinen Masch für den kurzen Anlaufschlag zum Pin, der so nah schien .

„Ich glaube, ich habe diesen Wurf schon tausendmal versucht", sagte er wütend. „ Jeder andere würde in jedem fünften Mal eine Drei treffen – jeder außer Jonahs Lieblingsbruder."

Er schwang den Ball unbekümmert und beobachtete mit nachsichtigem Interesse, wie der weiße Ball auf das Grün zurollte und geradewegs auf die Fahne zurollte. Plötzlich sprangen Wessels und Pollock, die vorne lagen, in die Luft und begannen, ihre Hüte zu bewegen.

"Bei Gott! Es ist drin!", sagte Pickings. "Sie haben es geschafft. Das erste Loch in zwei! Na, was halten Sie davon?"

Booverman war nicht überzeugt, näherte sich dem Loch misstrauisch und entfernte vorsichtig den Pin. Am Boden landete sein Ball und erzielte eine phänomenale Zwei.

„Das ist das erste Mal, dass ich Glück hatte", sagte er wütend, „das absolut erste Mal in meiner gesamten Karriere."

„Sagen Sie mal, alter Mann", sagte Pickings protestierend, „Sie sind doch nicht etwa böse darüber, oder?"

„Nun, ich weiß nicht, ob ich es bin oder nicht", sagte Booverman hartnäckig. Tatsächlich fühlte er sich ziemlich betrogen. Die Integrität seiner Akte wurde angegriffen. „Sehen Sie, ich spiele sechsunddreißig Löcher am Tag, zweihundertsechzehn in der Woche, tausend im Monat, sechstausend im Jahr; zehn Jahre, sechzigtausend Löcher; und dies ist das erste Mal, dass ein bisschen Glück passiert ist." für mich – einmal in sechzigtausend Malen."

Pickings zog ein Taschentuch hervor und wischte sich die Stirn.

„Es könnte auf einmal kommen", sagte er schwach.

Diese milde Hoffnung machte Booverman nur wütend . Er hatte seinen Ball bereits für das zweite Loch abgeschlagen, das 135 Meter entfernt auf einem sanften Hügel lag. Es gilt als eher einfach, wenn es um Golflöcher geht. Die einzigen Gefahren bestehen in einer verfilzten Wildnis aus langem Gras vor dem Abschlag, in der Gewissheit, bei der kleinsten Scheibe im Aus zu landen oder bei einem Zug bergab in eine durchnässte Substanz zu rollen. Außerdem gibt es einen Baum zum Schlagen und eine Sandgrube, in der Proben entnommen werden können.

„Jetzt pass auf meinen kleinen Freund, den Apfelbaum", sagte Booverman . „Ich werde um jeden Preis spielen, denn wenn ich slice, verliere ich meinen Ball und das bringt mein ganzes Spiel um den Verstand." Zwischen den Zähnen fügte er hinzu: „Ich will nur bis zum achten Loch kommen, bevor ich meinen Ball verliere. Ich weiß, dass ich ihn dort verlieren werde."

Obwohl ihm die Zwei auf dem ersten Loch nicht die geringste nervöse Freude bereitet hatte, gelang ihm ein perfekter Schlag, der Ball flog gerade und sicher über das Grün.

„Das ist definitiv Ihr Tag", sagte Pickings und ging zum Abschlag.

„Oh, mit meinen Eisen war noch nie etwas nicht in Ordnung", sagte Booverman düster. „Warten Sie nur, bis wir das vierte und fünfte Loch erreichen."

Als sie den Hügel hinaufstiegen, lag Boovermans Ball weniger als einen Meter vom Loch entfernt, und er schaffte es mühelos ins Aus zu putten.

„Zwei verloren", sagte Pickings unhörbar. „Bei Gott! Was für ein großartiger Start!"

„Einmal in sechzigtausend Fällen", sagte Booverman zu sich selbst. Das dritte Loch lag zweihundertfünf Meter weiter unten, hinter der Straße und umgeben von Gräben, wo Pollock in diesem Moment, getreu seiner Tradition als Kriegskorrespondent, in den Schützengräben schuftete, zur unbändigen Freude von Wessels, der vorbeigekommen war.

„Theobald", sagte Booverman , wählte seinen Cleek und sprach mit inspirierter Überzeugung, „ich werde Ihnen genau sagen, was passieren wird. Ich werde diese kleine homöopathische Pille einwerfen, und sie wird genau dort landen, wo ich sie haben will. Ich werde wahrscheinlich noch zwei weitere Löcher ausholen. Drei Löcher in zwei Stück würden wahrscheinlich jeden anderen Menschen auf der Erde begeistern. Mich begeistert es nicht. Ich weiß nur zu gut, was beim vierten oder fünften folgen wird. Passen Sie auf."

„Direkt zum Pin“, flüsterte Pickings laut. „Heute hast du bei jedem Schlag eine klare Linie. Wunderbar! Wenn du einen deiner Streaks hast, ist mein Spiel ganz sicher sinnlos.“

„Streak ist das richtige Wort“, sagte Booverman mit einem kurzen, bellenden Lachen. „Aber Gott sei Dank, Pickings, ich weiß es! Vor fünf Jahren hätte ich wie ein Blatt gezittert. Jetzt ekelt es mich nur noch an. Ich wurde zu oft getäuscht, ich beiße nicht mehr.“

In derselben zutiefst melancholischen Stimmung näherte er sich seinem Ball, der lochhoch auf dem Grün lag, und legte einen schwierigen Putt hin, gut drei Yards für seine dritten beiden.

Pickings war trotz seines klassischen Konservatismus so aufgeregt, dass er zweimal über das Loch schlug und einen beschämenden Fünfer erzielte.

Boovermans Gesicht war so freudlos wie ein Londoner Nebel, als er zum vierten Abschlag ging. Er platzierte seinen Ball achtlos, wählte seinen Fahrer aus und drehte sich mit der düsteren Feierlichkeit eines Vaters, der kurz davor steht, sich einer körperlichen Züchtigung hinzugeben, gegen die zappeligen Pickings.

„Einmal in sechzigtausend Mal, Picky. Ist dir klar, was ein Start wie dieser – drei Zweier – für einen Profi wie Frank oder sogar einen Amateur bedeuten würde, der nicht jedes geschäftige kleine Schicksal und jede Furie in der ganzen Hoodoo-Branche beleidigt hat? Warum , würde der blühende Rekord Mitte nächster Woche geknackt werden.

„Du wirst es schaffen“, sagte Pickings mit lautem Flüstern. „Spielen Sie vorsichtig.“

Booverman warf einen Blick auf die vierhundert Yards und murmelte vor sich hin:

„Ich frage mich, kleiner Ball, wohin wirst du fliegen?

Ich frage mich, kleiner Ball, habe ich mich von dir verabschiedet?

Wird es in den Prärien im Westen sein?

Wird es in den Sümpfen sein, wo die Pollywogs nisten?

Oh, sag mir, kleiner Ball, ist das Ta-Ta oder Auf Wiedersehen?“

Er sprach das letzte Wort mit fester Überzeugung aus und schlug einen weiteren langen, geraden Schlag. Pickings, begeistert von der Möglichkeit eines weiteren Wunders, schlug einen schlimmen Slice.

"Dies ist eines der wirklich entzückendsten Löcher eines malerischen Platzes", sagte Booverman und nahm einen herannahenden Cleek für seinen zweiten Schlag. "Nichts ist künstlerischer als das winzige Putting-Green unter den zotteligen Zweigen der Weiden. Der empfängliche Friedhof auf der rechten Seite verleiht ihm ein gewisses Pathos, eine herrliche, ruhige Note im Gegensatz zu dem Gefühl des schnellen, hungrigen Flusses auf der linken Seite, der nun diesen kleinen weißen Schwimmer aus meiner ausgestreckten Hand aufnehmen und tragen wird, der von mir wegtreiben wird. Egal; ich sage noch einmal, das vierte Grün ist von hinreißender Schönheit."

Dieser zweite Schlag, niedrig und weit, rollte in derselben, unveränderten Linie nach oben.

„Auf dem Grün", sagte Pickings.

„Kurz", sagte Booverman , der zu seiner Zufriedenheit feststellte, dass er genau einen Yard daneben lag.

„Lassen Sie sich Zeit", sagte Pickings und kaute an seinen Nägeln.

„Mist! Ich spiele für fünf", sagte Booverman .

Sein Annäherungsversuch lief auf die Linie zu, berührte den Becherrand, zögerte und ging ein paar Meter weiter.

„Jedenfalls eine Vier", sagte Pickings erleichtert.

„Ich hätte eine Drei bekommen sollen", sagte Booverman hartnäckig. „Jeder andere hätte eine Drei bekommen, direkt auf den Pokal. Du hättest eine Drei bekommen, Picky; das weißt du."

Pickings antwortete nicht. Er verfiel langsam und vergaß den unbesiegbaren Stoizismus, der den Stolz des wahren Golfspielers ausmacht.

„Ich sage, lass dir Zeit, alter Junge", sagte er, seine Stimme war nicht mehr unter Kontrolle. „Geh langsam! Geh langsam!"

„Picky, in den ersten vier Jahren, in denen ich diesen Platz gespielt habe", sagte Booverman wütend, „ich habe auf diesem einfachen 350-Yard-Loch nie mehr als eine Sechs geschafft. Fünf von sieben Mal habe ich meinen Ball verloren." . In den Mückenflecken zu meiner Rechten liegt für mich etwas unwiderstehliches Verlockendes. Ich glaube, es ist die große Hoffnung, dass ich, wenn ich diesen schönen neuen Ball verliere, versehentlich auf einen seiner hundert Brüder trete, den ich dann mit nach Hause bringe und verschenke anständiges Begräbnis."

Pickings, der den wahnsinnigen und ungestümen Wunsch verspürte, ihn zur Vorsicht zu ermahnen, ging weg, um seine Gefühle zu unterdrücken.

„Und?", sagte er, nachdem das Klicken des Knüppels ertönte.

"Nun", sagte Booverman freudlos, "der Ball liegt etwa 240 Yards geradeaus auf dem Platz und ist inzwischen ruhig in einem kleinen gemütlichen Zuhause in einer schönen, tiefen Hufspur gelandet, genau so, wie ich ihn gestern Nachmittag vorgefunden habe. Dann werde ich das exquisite Vergnügen haben, meinen Niblick zu nehmen und ihn für den Verlust eines Schlags herauszuschlagen. Das wird mich wütend machen und ich werde slicen oder ziehen. Das Beste, was man tun kann, wäre wohl, auf konservative sechs zu spielen."

Als Pickings nach vier verpatzten Schlägen die Stelle erreicht hatte, an der Booverman geschlagen hatte, lag der Ball in klarer Position, gleich hinter den Unebenheiten und Rillen, die normalerweise einen langen Schlag willkommen heißen. Booverman spielte einen perfekten Schlag , der klar auf das Grün fiel, und lief einen moderaten Putt für eine Drei hinunter.

Dann überquerten sie die Straße und gelangten über einen Bohlenweg zu einem Erdhügel inmitten eines Sumpfes. Vor ihnen lag das gemütliche Sumpfgebiet, das sich dann in Form eines Bumerangs nach rechts neigte und denjenigen, die einen Schlag machen wollten, einen herrlichen kleinen Schlag von einhundertfünfzig Metern bescherte. Links war eine Reihe von Bäumen, und weiter hinten, auf dem Platz, war für diejenigen, die einen langen Ball schlugen, im Jahr zuvor eine riesige Weide umgestürzt, um für neue Verwirrung zu sorgen und die Begeisterung für Luxus zu fördern, die bei den Caddies aufkam.

„Ich habe das Gefühl", sagte Booverman , als wäre er verwirrt, aber nicht getäuscht von dem, was passiert ist – „Ich habe das seltsame Gefühl, dass ich hier nicht in Schwierigkeiten geraten werde. Das wäre zu offensichtlich. Es ist am siebten oder Achte Löcher, dass etwas auf mich lauert. Nun, ich werde keine Zeit verschwenden.

Er ließ seinen Ball fallen, holte den vollen Schwung aus und trug ihn mit einem niedrigen, schießenden Schwung über das ferne Ufer, der immer weiter nach vorne sprang.

„Das sollte für immer so bleiben", sagte Pickings, rot vor Aufregung.

„Der Kurs ist schnell – steintrocken", sagte Booverman abwertend.

Pickings schlug drei Bälle präzise ins sprudelnde Wasser und zog mit seinem achten Schuss nebenher. Boovermans Wagen war gut zweihundertfünfundsiebzig Meter weit über die ausgetrocknete Ebene geflogen. Sein zweiter Schlag, ein voller Messingschlag, rollte direkt auf das Grün.

„Wenn er hier eine Vier schafft", sagte sich Pickings, „wird er fünf unter vier spielen – nein, beim Donnerwetter! sieben unter vier!" Plötzlich blieb er überwältigt stehen. „Nun, er hat tatsächlich ungefähr drei – jetzt zwei unter drei. Himmel! Wenn er es jemals ahnt, wird er in tausend Stücke zerfallen."

Infolgedessen verfehlte er seinen eigenen Ball völlig und überflügelte ihn dann knapp fünfzig Meter weit.

„Ich habe dich noch nie so schlecht spielen sehen", sagte Booverman mürrisch. „Am Ende wirst du mich abwerfen."

Als sie das Grün erreichten, lag Boovermans Ball etwa neun Meter von der Fahne entfernt.

„Es ist eine Vier, eine sichere Vier", sagte Pickings leise.

Plötzlich brach Booverman in einen Ausruf aus.

„Picky, komm her. Schau – schau dir das an!"

Der Ton war wütend. Die Beute stand bevor.

"Sehen Sie das?", sagte Booverman und deutete auf einen frisch angelegten Rasenkreis, der zehn Zoll von seinem Ball entfernt war. "Da, mein Junge, stand gestern der Pokal. Wenn sie die Fahne vor zwei Stunden nicht verschoben hätten, hätte ich eine Drei gehabt. Was halten Sie nun von diesem Pech?"

„Lass es liegen", sagte Pickings besorgt und schüttelte mitfühlend den Kopf. „Das Grün ist ein bisschen schnell."

Der Putt lief langsam bis zum Loch und stoppte zehn Zentimeter davor.

„Beim Himmel! Warum habe ich es nicht drüber gemacht!" sagte Booverman und schwang seinen Putter. „Ein 30-Fuß-Put, der nur einen Zentimeter vor dem Putt stoppt – hast du jemals so etwas gesehen? Bei allem, was gerecht und fair ist, hätte ich eine Drei haben sollen. Du hättest es gehabt, Picky. Herr! Wenn ich nur putten könnte!" "

„Eins unter drei", sagte Pickings zu seinem flatternden Inneren. „Er kann es nicht merken. Wenn ich ihn nur von der Partitur ablenken kann!"

Den siebten Abschlag erreichen Sie über eine sorgfältig geplante, ermüdende Treppe zum Gipfel einer Klippe, wo drei Kirchen auf der Rückseite so viele Aufnahmeengel einladen, die Fegefeuer-Listen anschwellen zu lassen. Wenn Sie zur abrupten Kante vordringen, breitet sich alles vor Ihnen aus; nichts ist verborgen. In der ersten Ebene sind die ineinander verschlungenen Zweige von Dutzenden Apfelbäumen bereit, eine gekrönte Kugel einzufangen und sie unter unmöglichen Haufen trockener Blätter zu begraben. Dahinter geben die verkabelten Tennisplätze bei Angriff einen musikalischen, blechernen Ton von sich. In der Mitte lockt Sie eine prächtige Bergahorne nach links, und eine Reihe von Ulmen weisen Sie auf den Weg zu einem Sumpfgebiet, einer Wildnis aus Gras und einer überwucherten Schlucht, aus der keine Bälle zurückkehren. Vorne, einhundertzwanzig Meter entfernt, befindet sich ein beeindruckender Bunker, zu dem ein langes Grasstück führt, das zwei- oder dreimal im Jahr von einem Wohltätigkeitsunternehmen geschoren wird. Das siebte Loch selbst liegt zweihundertsechzig Meter entfernt in einer Senke, die von einem versunkenen Graben geschützt wird, sicher drei oder – sicher sechs.

Booverman war noch immer zu empört über den Streich, den ihm das Schicksal auf dem letzten Grün gespielt hatte, als dass er sich irgendwelchen anderen Gefühlen hingeben konnte. Er vergaß, dass ein Dutzend guter Scores abrupt in der Senke rechts geendet hatten. Er war nur gereizt. Er ließ seinen Ball fallen, grub seine Zehen in den Boden und schlug einen weiteren langen, zufriedenstellenden Drive, der seinen Ärger noch mehr anfachte.

„Jeder andere hätte eine Drei auf der Sechs gehabt", murmelte er, als er das Tee verließ. „Das ist zu lächerlich."

Er hatte einen kurzen Annäherungsschlag und einen einfachen Putt, nahm seinen Ball aus dem Loch und sagte in verletztem Tonfall:

„Picky, ich habe ein schlechtes Gewissen wegen des sechsten Lochs und auch wegen des vierten. Ich habe bei jedem einen Schlag verloren. Ich spiele zwei Schläge mehr, als ich sollte. Verdammt noch mal! Das sechste war nicht richtig! Du hast mir gesagt, das Grün sei schnell."

„Es tut mir leid", sagte Pickings und spürte, wie seine Finger am Griff kalt und feucht wurden.

Das achte Loch bietet viele einfache Möglichkeiten. Es ist 520 Yards lang und bei jedem Schlag kann etwas passieren. Sie können vor dem Abschlag beginnen, indem Sie Ihren Ball im wehenden Gras vergraben, wobei Ihnen immer eine Art poetische Freiheit gestattet ist. Dort müssen die Fallen zum siebten Loch überquert werden und rechts kann der parallel verlaufende Fluss mit einem kurzen Stich oder einem langen, gewundenen Schlag erreicht werden, wobei der vorherrschende Wind ihm gefällig zu einem spritzenden Abstieg verhilft.

„Und jetzt sind wir beim achten Loch angekommen", sagte Booverman und lüftete seinen Hut in tiefem Gruß. „Immer wenn ich mit einem guten Ergebnis hier ankomme, nehme ich von acht auf achtzehn, ich verliere ein bis drei Bälle. Im Gegenteil, wenn ich einen Durchschnitt von sechs habe, bekomme ich immer eine fünf und oft eine vier. Wie sich dieses Loch verändert hat." mein gesamtes Leben!" Er hob seinen Ball und sprach ihn zärtlich an: „Und jetzt, kleiner Ball, wir müssen uns trennen, du und ich. Es scheint eine Schande; du bist der netteste kleine Ball, den ich je gekannt habe. Du hast mir schrecklich lange treugestanden." Während. Es ist eine Schande.

Er legte den Tee auf, fuhr seinen besten Drive und folgte ihm mit einem Schlag, der ihn zwanzig Yards vom Grün entfernte, wo ein guter Annäherungsversuch die gewünschten vier Yards einbrachte.

"Gleich drei", sagte Pickings zu sich selbst, als hätte er einen Geist gesehen. Jetzt war er nur noch ein Golfer einer Generation; sein Erbe hatte nichts, was ihn in einer solchen Krise hätte stützen können. Er begann langsam moralisch zu zerfallen, fiel in seinen alten Zustand zurück. Er hielt sich zurück, bis Booverman den Fluss hinter sich gelassen hatte, der den gesamten grünen Durchgang bis zum neunten Loch säumt, und dann, kaum den Impuls unterdrückend, Booverman an den Knien zu packen und ihn zur Besonnenheit anzuflehen, platzte er heraus:

„Sag mal, mein Junge, weißt du, wie hoch dein Punktestand ist?"

„Etwas deutlich unter vier", sagte Booverman und kratzte sich am Kopf.

„Unter vier nichts, sogar unter drei!"

"Was?"

„Sogar drei.“

Sie hielten an und ordneten die Löcher tabellarisch ein.

„Das ist es“, sagte Booverman erstaunt. „Wie verdammt schade!“

"Mitleid?"

„Ja, schade. Wenn das nur jemand anders ausspielen könnte!“

Er studierte die hundertfünfzig Meter, die nötig waren, um das Grün zu erreichen, das in der Sichel der umliegenden Bäume lag, und tauschte seinen Brassy gegen seinen Cleek und seinen Cleek gegen sein Midiron.

„Ich wünschte, du hättest es mir nicht erzählt “, sagte er nervös.

Pickings bemerkte seinen Fehler sofort. Zum ersten Mal ging Boovermans Schuss am Ziel vorbei und landete direkt in den Bäumen, die links am Flussufer standen.

„Es tut mir leid“, sagte Pickings mit einem schwachen Stöhnen.

"Mein lieber Picky, das musste ja so kommen", sagte Booverman achselzuckend. "Der Ball ist jetzt verloren und der ganze Punktestand ist in die Luft geflogen. Der wunderbarste Punktestand, von dem man je gehört hat, ist nichts weiter als ein zerdrücktes Ei!"

„Vielleicht ist es wieder auf die Strecke zurückgeprallt“, sagte Pickings verzweifelt.

„Nein, nein, Picky, das nicht. In all den sechzigtausend Malen, die ich gegen Bäume, Scheunen, Autospuren, Caddies, Zäune gefahren bin, – “

„Da ist es!“, rief Pickings mit einem Freudenschrei.

Direkt auf dem Platz, am Rand des Grüns, lag der Ball, der bald für einen Vierer versenkt wurde. Pickings verspürte ein seltsames, unerklärliches Verlangen, sich wie ein flauschiger, begeisterter Hund auf Booverman zu stürzen ; aber er kämpfte mit dem neuen Verantwortungsgefühl, das ihn überkam, dagegen an. Also sagte er listig: „Bei Gott! Alter Mann, wenn du beim vierten und sechsten nicht daneben geschlagen hättest, hättest du sogar drei Schläge geschafft!“

"Wissen Sie, was ich jetzt tun sollte – ich sollte aufhören", sagte Booverman in tiefer Verzweiflung – "mit dem Golfspielen aufhören und nie wieder einen Schläger in die Hand nehmen. Es ist ein Verbrechen, so weiterzumachen; es ist ein Verbrechen, einen solchen Rekord zu brechen. Achtundzwanzig für neun Löcher, nur zweiundvierzig für die nächsten neun, um den Rekord zu brechen, und ich habe es in dreiunddreißig geschafft – und in dreiundfünfzig! Ich sollte es nicht versuchen; es ist falsch."

Er schlug seinen Ball für den 200-Yard-Flug zum einfachen Zehntel ab und nahm seinen Cleek.

„Ich weiß genau, was jetzt passieren wird; ich weiß es gut."

Aber dieses Mal gab es keine Schwankungen im Flug; Der Drive verlief direkt zum Grün, direkt auf die Flagge, wo ein guter, aber nicht schwieriger Putt eine Zwei brachte.

„Sogar wieder drei", sagte Pickings, aber für sich. „Es kann nicht weitergehen. Es muss sich wenden."

„Nun, Pickings, das wird aufhören", sagte Booverman wütend. „Ich werde mich nicht lächerlich machen. Ich gehe direkt zum Abschlag und schlage meinen Ball direkt ins Gehölz und beende ihn. Und das ist mir egal."

"Was!"

„Nein, das ist mir egal. Hier geht's."

Erneut ging sein Drive zielstrebig weiter, der mühsame Pitch zum zweiten Mal war präzise und sein Putt, nachdem er den Rand des Cups umrundet hatte, ging für einen Dreier in die Tiefe.

Das zwölfte Loch ist ein weiterer Sprung in das hohe Gras, das als Bett für einen Elefanten dienen könnte, und dann über den Housatonic River, ein Lauf von 120 Yards zum Grün am Fuße eines eindringenden Baumes.

„Oh, ich schätze, ich werde hier auch noch drei machen", sagte Booverman launisch. „Das wird es nur noch schlimmer machen."

Er fuhr mit seinem Midiron hoch in der Luft und voll auf der Flagge.

„Ich werde meinen Put für drei vorsichtig spielen", sagte er und nickte mit dem Kopf. Stattdessen lief es für zwei geradeaus und nach unten.

Er ging schweigend zum gefürchteten dreizehnten Abschlag, der zusammen mit dem zurückkehrenden vierzehnten die bösartigen Scylla und Charybdis des Platzes bildet. Es gibt nichts, was das dreizehnte Loch beschreiben könnte. Es ist nicht wirklich ein Golfloch; Es ist eine lange, schmale Atempause, die auf der einen Seite von den Eisenbahnschienen und auf der anderen vom Fluss begrenzt wird. Entschlossene und furchtlose Golfer verzichten oft ganz auf sie und schämen sich auch nicht, ihren Schrecken anzuerkennen. Wenn man am dreizehnten Abschlag steht, ist alles für das Auge verschwommen. In der Nähe sind Binsen und Wasser, links und rechts Wälder; der Fluss und die Eisenbahn; und das trockene Land hundert Meter entfernt sieht winzig und fern aus, wie ein Felsen inmitten von Überschwemmungen.

Ein langer Drive mit unterschiedlichen Graden ist dazu verdammt, ins Aus zu gehen oder die Strafe des River zu erhalten.

„Gehen Sie kein Risiko ein. Nehmen Sie ein Eisen – spielen Sie es vorsichtig", sagte Pickings mit einer Stimme, die für seine eigenen Ohren unkenntlich klang.

Booverman befolgte seinen Rat und landete am Zaun auf der linken Seite, fast hinter dem Jahrmarkt. Ein Midiron für seinen zweiten Schlag brachte ihn in die Lage, weitere vier zu schlagen, und brachte seinen Punktestand wieder auf ausgeglichene Drei.

Als der wagemutige Golfer zitternd den schmalen Weg hinauf passiert und noch überlebt, fällt er sofort dem vierzehnten Schlag zum Opfer, einem gebogenen Loch mit all den Qualen des vorhergehenden dreizehnten Lochs, verstärkt durch einen zweiten Schlag über einen langen, matschigen Teich . Wenn Sie ein vorsichtiges Eisen spielen, um sich von der jetzt rechten Eisenbahnlinie fernzuhalten oder dem Fluss auf Ihrer linken Seite auszuweichen, sind Sie gezwungen, sich dem Rand des Sumpfes mit einem vorsichtigen 50-Yard-Anlaufschlag zu nähern, bevor Sie sich dem stellen Schrecken des Tragens. Ein Schlag mit einem Holzschläger führt fast sicher in den Sumpf, und nur ein vorsichtiger Cleek-Schlag ist sicher.

„Ich wünschte, ich würde das zum ersten Mal spielen", sagte Booverman schwarz. „Ich wünschte, ich könnte vergessen – mich von Erinnerungen befreien. Ich habe gesehen, wie Amateure der Klasse A zwölf und Profis acht nehmen. Dies ist das Ende aller Dinge, Picky, der traurigste Ort der Welt. Ich werde keine Zeit verschwenden. Hier geht's ."

Zu Pickings' Entsetzen begann die Fahrt langsam in Richtung der Bahngleise zu schlittern.

„Ich wusste es", sagte Booverman ruhig, „und der nächste wird auch dorthin gehen; dann werde ich einen in den Fluss legen, zwei in den Sumpf, in Scheiben schneiden –"

Plötzlich blieb er wie vom Blitz getroffen stehen. Der Ball sprang beim Auftreffen auf den Reifen oder die Schiene hoch in die Luft, vorwärts und rückwärts auf der Strecke und lag in perfekter Position. Pickings sagte etwas in einem rein ehrfürchtigen Geist.

„Zweimal in sechzigtausend Malen", sagte Booverman unerbittlich. „Das gleicht nur das sechste Loch aus. Zweimal in sechzigtausend Malen!"

Von der Stelle, an der der Ball lag, brachte ihn ein leichter Schlag nah genug an das Grün, um weitere Vier zu überwinden. Pickings, der wie ein Spielzeughund bei kaltem Wetter zitterte, erreichte das Grün in zehn Schlägen und nahm drei weitere Putts vor.

Das fünfzehnte, ein kurzes Spielfeld über dem Fluss, achtzig Yards bis zu einem schrägen Grün, das vollständig von längerem Gras umgeben war, was ihm das Aussehen eines Kinnflecks auf einem vollen Gesicht mit Schnurrhaaren verlieh, war Boovermans Lieblingsloch. Während Pickings den Blick auf den Boden richtete und versuchte, regelmäßig zu atmen, platzierte Booverman seinen Ball, fuhr mit dem nötigen Backspin und landete tot am Loch. Es ergaben sich noch zwei weitere.

„Gleich drei – fünfzehn Löcher in geraden Dreien“, sagte Pickings zu sich selbst, und sein Kopf begann zu pochen. Er wollte sich hinsetzen und seine Schläfen in die Hände nehmen, aber der Geschichte zuliebe kämpfte er weiter.

„Verdammt!“, sagte Booverman auf einmal.

„Was ist los?“, sagte Pickings, als er sah, wie sein Gesicht schwarz vor Wut war.

„Ist Ihnen klar, Pickings, was es für mich bedeutet, diese zwei Schläge auf dem vierten und sechsten Grün verloren zu haben, und das ohne mein Verschulden? Sogar drei Schläge auf dem gesamten Platz – das könnte ich schaffen, wenn ich diese zwei Schläge hätte – das Größte, was man je auf einem Golfplatz gesehen hat. Es kann hundert Jahre dauern, bis irgendein Mensch auf dieser Erde eine solche Chance bekommt. Und wenn ich daran denke, dass ich es mit ein bisschen Glück geschafft hätte!“

Pickings spürte, wie sein Herz schneller schlug, aber er konnte mit einiger Ruhe sagen:

„Vielleicht bekommst du hier eine Drei.“

„Niemals. Vier, drei und vier ist das, was ich beenden werde.“

„Na, mein Gott! Was willst du?“

„Es macht allerdings keine Freude“, sagte Booverman düster. „Wenn ich diese beiden Schläge zurückbekäme, würde ich in die Geschichte eingehen, ich wäre unsterblich. Und auch du, Picky, du wärst unsterblich, weil du mit mir herumgegangen bist. Das vierte Loch war schon schlimm genug, aber der sechste war herzzerreißend.

Seine Fahrt überquerte einen weiteren Sumpf und rollte das weitere Plateau hinunter. Ein langer Cleek legte seinen Ball vom Grün ab, ein guter

Annäherungsversuch stoppte kurz vor dem Loch und der Putt ging ins Wanken.

„Gut, damit ist die Sache erledigt", sagte Booverman düster.

„Dazu muss ich eine Zwei und eine Drei machen. Die Zwei ist durchaus möglich, die Drei absurd."

Das siebzehnte Loch führt zurück in den Sumpf, der das sechste belebt. Es ist ein voller Schlund mit etwa sechs mentalen Hindernissen, die wie ein Indianerhinterhalt verteilt sind, und in fünf davon kann ein Ball bis zum Tag des Jüngsten Gerichts liegen bleiben, bevor er wieder auftaucht.

Pickings drehte sich um, unfähig, die Qual des Zuschauens zu ertragen. Das Klicken des Schlägers war scharf und deutlich. Er drehte sich um und sah, wie der Ball mit vollem Flug zielsicher auf Lochhöhe auf dem Grün landete.

„Eine Chance für eine Zwei", sagte er leise. Er schickte zwei Bälle ins verlorene Land links und einen ins Rough rechts.

„Kümmern Sie sich nicht um mich", sagte er und schlug rücksichtslos um sich.

Booverman studierte mit ein wenig Sorgfalt den zehn Fuß langen Weg zum Loch und legte ab.

„Sogar drei!" sagte Pickings und lehnte sich an einen Baum.

„Sprengen Sie das sechste Loch!" sagte Booverman und explodierte. „Denk darüber nach, was es sein könnte, Picky – was es sein sollte!"

Boovermans hektischer Schläger zitternd näherkam . Unfähig zu sprechen, bedeutete er ihm schwach, zu fahren. Ungläubig begann er wieder hochzuzählen, als zweifelte er an seinen Sinnen.

„Einer unter drei, gerade drei, einer über, gerade, einer unter –"

„Hier! Was zum Teufel machst du?" sagte Booverman wütend. „Versuchst du mich abzuschrecken?"

„Ich habe nichts gesagt", sagte Pickings.

„Das hast du nicht – murmelte er vor sich hin."

„Ich muss ihn wütend machen, damit er nicht an das Ergebnis denkt", sagte Pickings schwach zu sich selbst. Er fügte laut hinzu: „Hör auf, an deinem alten sechsten Loch herumzukicken! Du hattest das größte Glück, das ich je gesehen habe, und trotzdem murrst du."

Booverman fluchte leise, näherte sich hastig seinem Ball, schlug perfekt und drehte sich wütend um.

„Glück?", rief er wütend. „Pickings, ich würde dir am liebsten den Hals umdrehen. Jeder meiner Schläge war tot auf dem Pin, oder?"

„Wie wäre es mit dem neunten Loch – gegen einen Baum schlagen?"

„Wer war denn schuld? Du hattest doch kein Recht, mir mein Ergebnis zu sagen, und außerdem habe ich da sowieso nur eine normale Vier bekommen."

„Wie wäre es mit der Eisenbahnstrecke?"

„Ein Schuss ins Aus. Ja, das gebe ich zu. Das gleicht den vierten aus."

„Wie wäre es mit deinem ersten Hole in Two?"

„Perfekt gespielt; überhaupt kein Zufall – einmal in sechzigtausend Malen. Nun, noch mehr Spott? Gibt es sonst noch etwas zu kritisieren?"

„Lass es dabei sein."

Booverman drehte sich in dieser nervösen Stimmung gereizt zu seinem Ball um, spielte ein langes Mitteleisen, schaffte gerade noch die halbmondförmige Böschung der letzten Mulde und lief auf das Grün zu.

Wild-eyed and hilarious, they descended on the club-house with the miraculous news

„Verdammt, das sechste Loch!" sagte Booverman , warf seinen Schläger hin und warf Pickings einen bösen Blick zu. „Ein Schlag zurück, und ich hätte es schaffen können."

Pickings versuchte, ihn anzusprechen, aber in dem Moment, als er seinen Schläger schwang, begannen seine Beine zu zittern. Er schüttelte den Kopf, holte tief Luft und hob seinen Ball auf.

Sie näherten sich dem Grün im betrunkenen Lauf in der wilden Hoffnung, dass ein Short-Put möglich sei. Leider lag der Ball zehn Meter entfernt und der Weg zum Loch war holprig und voller Wurmwürfe. Dennoch gab es eine Chance, so verzweifelt sie auch war.

Pickings ließ seine Tasche zu Boden gleiten, setzte sich und bedeckte seine Augen, während Booverman mit seinem Putter versuchte, die Grate wegzufegen.

"Aufstehen!"

Die Ernte stieg krampfhaft.

„Um Himmels Willen, Picky, steh auf! Versuch, ein Mann zu sein!", sagte Booverman heiser. „Denkst du, ich habe überhaupt Nerven, wenn ich dich mit Schüttelfrost und Fieber sehe? Mach dich bereit!"

"In Ordnung."

Booverman erspähte das Loch und nahm dann Stellung; doch der Cleek in seiner Hand zitterte wie eine Espe. Er richtete sich auf und ging weg.

„Picky", sagte er und wischte sich übers Gesicht. „Ich kann es nicht tun. Ich kann es nicht ausdrücken."

„Das musst du."

„Ich habe Jagdfieber. Ich werde es nie ausdrücken können – nie."

Schließlich war Booverman , nicht länger durch einen unbesiegbaren Pessimismus beruhigt, völlig zusammengebrochen. Er stand da und zitterte am ganzen Leib.

„Schau dir das an", sagte er und streckte eine flatternde Hand aus. „Ich kann das nicht tun; ich kann das nie tun."

„Alter Junge, das musst du", sagte Pickings, „du musst. Reiß dich zusammen. Hier!" Er schlug ihm auf den Rücken, kniff ihn in die Arme und rieb ihm die Finger. Dann führte er ihn zurück zum Ball, brachte ihn in Position und gab ihm den Putter in die Hände.

„Bockfieber", flüsterte Booverman . „Ich kann nichts sehen."

Pickings, der die Flagge in der Tasse hielt, sagte grimmig:

"Schießen!"

Der Ball bewegte sich im Zickzack voran, lief von einem Wurmloch zum nächsten, wackelte und schaukelte, und fiel schließlich, als sei es vorherbestimmt, voll in die Tasse!

Im selben Moment landeten Pickings und Booverman auf dem Grün, als wären sie von derselben Kanonenkugel davongetragen worden.

Fünf Minuten später kamen sie mit wilden Augen und ausgelassener Stimmung mit der wundersamen Nachricht ins Clubhaus. Eine Stunde lang brüllten die versammelten Golfspieler vor Lachen, während die beiden stürmten, Einwände erhoben und auf die Wahrheit der Geschichte schworen.

Sie reisten von Haus zu Haus in dem vergeblichen Versuch, einen Konvertiten für ihren Anspruch zu finden. Einen Tag lang galten sie als vollendete Komiker, und je mehr sie ihrem Zorn nachgaben, desto vollendeter wurde ihre Kunst erklärt. Dann kam es zu einer Veränderung. Aus Lachen wurde in der gebildeten Stadt Stockbridge Ärger, dann Gereiztheit und schließlich Misstrauen. Booverman und Pickings begannen, ihre Kastenzugehörigkeit zu verlieren und galten als unausgeglichen, wenn nicht geradezu gefährlich. Ein von ihnen unbekanntes Komitee prüfte sorgfältig die Bücher des Clubs. Bei der nächsten Wahl wurden ein weiterer Schatzmeister und ein weiterer Schriftführer gewählt.

Seitdem kann man Monat für Monat, Tag für Tag, in geduldiger Hoffnung die beiden diskreditierten Mitglieder der gebildeten Gemeinde von Stockbridge in *Begleitung von Caddies dabei beobachten* , wie sie sich an den Verbindungen abmühen, in dem verzweifelten Glauben an das Wunder, das sie wiederherstellen würde bis zum Stehen kann wiederholt werden. Jedes

Mal, wenn sie nervös am ersten Abschlag ankommen und sich auf den Schwung vorbereiten, huscht etwas zwischen einem Kichern und einem Grinsen durch die Versammlung, während sich die linken Augen schelmisch zusammenziehen und ein Gemurmel zu hören ist:

„Sogar drei.“

Der Stockbridge Golf-Links ist ein Platz von hinreißender Schönheit und der Housatonic River schlängelt sich, wie gesagt, um ihn herum, als ob er vor Heiterkeit krampfhaft wäre.

EIN MANN OHNE VORSTELLUNGSKEINE

I

Inspektor Frawley vom kanadischen Geheimdienst stand stramm und wartete, bis das Kratzen eines Stifts in dem dunklen, geräumigen Büro verstummte und der ehrenwerte Justizminister ihm seine Wünsche mitteilte.

Er verhielt sich respektvoll, sein Körper war kompakt, seine Augen waren klar und fest, sein Gesicht war ausdruckslos und kontrolliert, ohne Unterscheidung, ohne Bedeutung, ein Mann, der mittelmäßig war wie die ganze Menschenmenge. Seine Hände waren locker auf dem Rücken verschränkt; Sein Blick blieb, ohne abzuschweifen, beharrlich auf dem Profil des ehrenwerten Sekretärs hängen, als ob in diesem historischen Raum allein die menschliche Note seine Neugier wecken könnte.

Das leise Quietschen des Stifts verklang in der Stille des großen Raumes. Der Justizminister fuhr sich mit den Fingern über die Stirn, schaute auf und begegnete dem Blick des Inspektors – starr, tiefgründig und mathematisch. Mit einem plötzlichen Unbehagen schob er seinen Stuhl zurück, beunruhigt über die Analyse seines banalen Mannes, der ihn in einer anderen Wendung des Schicksals vielleicht genauso leidenschaftslos verfolgen würde, wie er jetzt vor ihm stand, um seine Befehle zu erteilen. Mit ein paar schnellen Schritten durchquerte er den Raum, zündete sich eine Zigarre an, blies diese Laune seiner Fantasie in den Rauchwirbel und kehrte ruhig zurück, wie es sich für einen Mann der Fakten und Zahlen gehörte.

Er ließ sich locker in einem Sessel nieder, warf einen schnellen Blick auf seine Uhr, verschränkte die Finger und begann mit der nervösen Direktheit eines Menschen, der sich aller Formalitäten entledigen möchte:

„Nun, Inspektor, Sie sind heute Morgen zurückgekommen?"

„Vor einer Stunde, Sir."

„Eine anerkennenswerte Arbeit, Inspektor Frawley – die Abteilung ist zufrieden."

„Vielen Dank, Sir."

„Braucht der Fall Sie noch mehr ?"

„Ich würde sagen: Nein, Sir – Nein, Sir."

„Sind Sie bereit, sich zum Dienst zu melden?"

„Oh ja, Sir."

"Wie bald?"

„Ich denke, ich bin jetzt bereit, Sir – ja, Sir.“

„Freut mich, das zu hören, Inspektor, sehr froh. Sie sind der einzige Mann, den ich wollte.“ Als wären die Höflichkeiten ausreichend beachtet worden, versteifte sich der Minister auf seinem Stuhl und fuhr schnell fort: „Es ist die Toronto-Affäre; Sie haben die Einzelheiten gelesen. Die Regierung hat 350.000 Dollar verloren. Wir haben vier Mitglieder der Bande erwischt, aber der Rädelsführer kam ungeschoren davon.“ das Geld. Hast du es studiert?

Frawley setzte sich steif auf einen Stuhl, hängte seinen Hut zwischen die Knie und dachte nach.

„Es sah tatsächlich nach Arbeit aus den Staaten aus“, sagte er nachdenklich. „Ich bitte um Verzeihung, hast du gesagt, sie hätten einen Teil der Bande erwischt?“

„Vier – heute Morgen. Das Telegramm ist gerade angekommen.“

Der ehrenwerte Sekretär, dem die Routine des Büros noch ein wenig fremd war, blickte Frawley an und verspürte plötzlich den Wunsch, sein Gedächtnis zu testen.

„Kennen Sie das Werk?“, fragte er. „Könnten Sie den Rädelsführer erkennen?“

„Das dürfte nicht so schwer sein, Sir“, sagte Frawley mit einem Nicken. „Wir wissen natürlich ziemlich genau, wer für solche Aufgaben geeignet ist. Haben Sie irgendwo eine Beschreibung?“

Der ehrenwerte Sekretär stand auf, nahm ein Papier von seinem Schreibtisch und begann zu lesen. Auf seinem Platz schlug Inspektor Frawley vorsichtig die Beine übereinander, hob die Fäuste unters Kinn und starrte den Leser an, ohne seinen Blick jedoch auf ihn zu richten. Einmal während des Vortrags zuckte er bei einer Beschreibung zusammen, entspannte sich aber sofort. Als der Bericht fertig war, ließ der Sekretär ihn auf seinen Schoß fallen und wartete, trotz allem beeindruckt von dem Gedanken an die riesigen Verbrechensgalerien, durch die der Inspektor sein Opfer suchte. Plötzlich flackerte in dem blinden Blick ein Licht des Verständnisses auf. Frawley kehrte ins Zimmer zurück, sah den Sekretär und nickte.

„Es ist Bucky“, sagte er zögernd. Einen Moment lang wanderte sein Blick nachdenklich in eine entfernte Ecke, dann nickte er langsam, sah den Sekretär an und sagte mit Überzeugung: „Es sieht sehr nach Bucky Greenfield aus, Sir.“

„Es ist Greenfield“, antwortete der Sekretär, ohne zu versuchen, sein Erstaunen zu verbergen.

"Ich möchte anmerken", sagte Frawley nachdenklich, ohne seine Überraschung zu bemerken, "dass in dieser Beschreibung ein kleiner Fehler ist, Sir. Das linke Ohr ist gebrochen. Außerdem streckt er seine Zehen nicht aus - außer wenn er es mit Absicht tut. Also soll ich Bucky Greenfield zurückbringen, Sir?"

Der Sekretär nickte und trug Frawleys Korrektur mit Bleistift auf das Papier ein.

„Bucky – na, das ist ja merkwürdig!", sagte Frawley nachdenklich. Er stand auf und trat einen Schritt auf den Schreibtisch zu. „Sehr merkwürdig." Mechanisch sah er die verstreuten Papiere oben drauf und ordnete sie in ordentliche Stapel. „Na ja, er kann ja nicht sagen, ich hätte ihn nicht gewarnt!"

„Was!", unterbrach ihn der Sekretär erstaunt. „Sie kennen den Kerl?"

„In der Tat, ja, Sir", sagte Frawley mit einem Nicken. „Wir kennen die meisten Gauner in den Staaten. Wir sind auch gute Freunde – solange sie über der Grenze bleiben. Das ist nützlich, wissen Sie. Also soll ich Bucky verfolgen?"

Der Sekretär empfand den Moment als eindrucksvoll und sagte feierlich:

„Inspektor Frawley, wenn Sie daran festhalten müssen, bis er an Altersschwäche stirbt, dürfen Sie nicht lockerlassen, bis Sie Bucky Greenfield haben! Solange das Britische Empire zusammenhält, darf niemand Ihrer Majestät auch nur einen Pfennig stehlen und in Sicherheit schlafen. Verstehen Sie die Lage?"

„Das tue ich, Sir."

Der ehrenwerte Staatssekretär war nur halb zufrieden und fuhr fort:

„Ihr Kredit ist unbegrenzt – davon besteht keine Frage. Wenn Sie eine ganze südamerikanische Regierung aufkaufen müssen – kaufen Sie sie! Übrigens wird er nach Südamerika reisen, nicht wahr?"

„Wahrscheinlich – ja, Sir. Chile oder Argentinien – dort gibt es kein Auslieferungsabkommen."

„Aber selbst dann", unterbrach ihn der Sekretär mit einem nervösen Stirnrunzeln, „gibt es Wege – andere Wege?"

"Oh ja." Frawley nahm einen Papierschneider, stand neben dem Kaminsims und tippte mit der Handfläche. „Oh ja – es gibt auch andere Möglichkeiten! Es ist also Bucky – nun, ich habe ihn gewarnt!"

„Nun, Inspektor, um die Angelegenheit zu klären“, unterbrach der Sekretär, der darauf bedacht war, zu seiner Routine zurückzukehren, „wann können Sie mit dem Fall fortfahren?“

„Wenn die Papiere fertig sind, Sir –“

„Sie sind – alles. Das Innenministerium wurde telegraphiert. Morgen wird jeder britische Beamte auf der ganzen Welt benachrichtigt, um Ihnen Unterstützung zu leisten und Ihre Entwürfe zu berücksichtigen.“

Inspektor Frawley hörte das mit Zustimmung und schaute auf seine Uhr.

„Es gibt einen Expresszug nach New York, der um die Mittagszeit abfährt“, sagte er nachdenklich – und dann mit einem Blick auf die Uhr: „Fünfunddreißig Minuten; das schaffe ich, Sir.“

"Gut, sehr gut."

„Wenn ich vorschlagen dürfte, Sir – ob der Inspektor, der den Fall bearbeitet hat, eine kurze Strecke mit mir gehen könnte?“

„Inspektor Keech wird Sie am Bahnhof begleiten.“

„Vielen Dank, Sir. Gibt es noch etwas?“

Der Sekretär schüttelte den Kopf, sprang auf und streckte begeistert seine Hand aus.

„Viel Glück, Inspektor. Sie haben eine große Aufgabe vor sich, eine sehr große.“

"Danke mein Herr."

„Übrigens – Sie sind nicht verheiratet?“

"Nein Sir."

„Das ist ziemlich kurzfristig. Wie lange arbeiten Sie schon an diesem anderen Fall?“

„Etwas mehr als sechs Monate, Sir.“

„Möchtest du nicht ein paar Tage zur Erholung? Das kann ich dir ganz leicht ermöglichen.“

„Es macht wirklich keinen Unterschied – ich glaube, ich werde heute abreisen, Sir.“

„Oh, einen Moment noch, Inspektor –“

Frawley blieb stehen.

„Wie lange wird das Ihrer Meinung nach dauern?“

Frawley überlegte und antwortete vorsichtig:

„Ich glaube, es wird lange dauern. Sehen Sie, es gibt mehrere Umstände, die an diesem Fall ungewöhnlich sind."

"Wie so?"

„Nun, Buck ist schlau – das lässt sich nicht bestreiten – und steht ganz oben auf der Liste seiner Branche. Dann erwartet er mich."

"Du?"

„Sie sind ein komischer Haufen", erklärte Frawley mit einem Anflug von Stolz. „Gauner sind voller kleiner Eitelkeiten. Wissen Sie, Bucky weiß, dass ich nie eine Spur hinterlassen habe, und ich glaube, das geht ihm ziemlich auf die Nerven. Ich glaube, er war erst zufrieden, als er mich herausforderte. Er ist sehr seltsam – wirklich sehr seltsam. Es ist ein bisschen persönlich. Ich bezweifle, Sir, ob ich ihn lebend zurückbringe."

„Inspektor Frawley", sagte der neue Minister, „ich hoffe, ich habe Ihnen die Wichtigkeit Ihrer Mission ausreichend verdeutlicht."

Frawley starrte seinen Chef überrascht an.

„Ich muss an ihm dranbleiben, bis ich ihn habe", sagte er verwundert. „Das ist doch alles, nicht wahr, Sir?"

Der Sekretär war über seinen Mangel an Vorstellungskraft verärgert und versuchte einen letzten Satz.

„Inspektor, dies ist mein letztes Wort", sagte er stirnrunzelnd. „Denken Sie daran, dass Sie die Regierung Ihrer Majestät vertreten – Sie sind die Regierung Ihrer Majestät! Ich habe Vertrauen in Sie."

"Danke mein Herr."

Frawley ging langsam zur Tür und zögerte, die Hand auf der Klinke. Der Staatssekretär sah in dieser Bewegung ein Zögern, den entscheidenden Schritt zu tun, der ihm die Weiten der Welt eröffnen würde.

„Er muss doch über ein Fünkchen Fantasie verfügen", dachte er beruhigt.

„Ich bitte um Verzeihung, Sir."

Frawley hatte sich verlegen umgedreht.

„Also, Inspektor, was kann ich für Sie tun?"

"Wenn es Ihnen recht ist, Sir", sagte Frawley, "ich habe gerade gedacht - es ist schließlich schon eine Weile her, seit ich zu Hause war -, tatsächlich würde es mir sehr gefallen, wenn ich bei der alten Nell ein gutes englisches

Hammelkotelett und ein muffiges Bier zu mir nehmen könnte, Sir. Ich kann immer noch den Zwei-Uhr-Express bekommen."

"Gewährt!"

„Wenn Sie das nicht möchten, Sir", sagte Frawley und war überrascht über die Verärgerung in seiner Antwort.

„Überhaupt nicht – nimm die Zwei – guten Tag, guten Tag!"

Inspektor Frawley war zutiefst verblüfft, verlagerte sein Gewicht, öffnete den Mund und antwortete dann hastig mit einem Kopfnicken:

„Einen – guten Tag, Sir!"

II

Sam Greenfield, genannt „Bucky", Alter ca. 42, Größe ca. 1,78 m, Gewicht zwischen 66 und 68 kg. Das Haar ist mausgrau, wird über der Stirn dünner, ist in der Mitte gescheitelt und lässt die Kopfhaut darunter durchscheinen; der Schnurrbart ist heller als das Haar – wenn er nicht gefärbt ist; normalerweise auf ca. 2,5 cm gestutzt. Wachsartige Haut, hellblaue Augen, die etwas eng beieinander liegen, schmale Nase, ein markantes Grübchen auf der linken Wange – trägt möglicherweise Schnurrhaare. Lacht leise. Linkes Ohrläppchen gebrochen. Leicht O-Beine. Streichelt sich beim Sprechen über das Kinn. Wenn er an einem Tresen oder einer Bar steht, macht er Bewegungen, als würde er sich zusammenreißen, drückt seine Ellbogen einen Moment lang langsam zur Seite, wirft dann den Kopf in den Nacken und springt von den Fersen auf. Wenn er träumt, versucht er, mit der Unterlippe in den Schnurrbart zu beißen. Wenn er auf einem Stuhl sitzt, stellt er sich seitlich hin und lässt beide Arme über den Rücken hängen. Beim Gehen schlägt er zuerst mit einem Teil der Ferse nach hinten und neigt dazu, von Zeit zu Zeit zu schwanken. Kleidet sich ordentlich, trägt die Hände nur in den Seitentaschen – spielt ständig Klavier und komponiert nebenbei. Raucht tagsüber zwanzig bis dreißig Zigaretten, schneidet sie in zwei Hälften, um eine Zigarettenspitze zu erhalten, und wirft sie nach drei oder vier Zügen weg. Raucht nach dem Abendessen immer eine Zigarre. Schnitt ist gut nachempfunden. Schnitt der Unterschrift ist eine Faksimile seiner Originalschrift.

Mit dieser erdrückenden Anklage gegen die Freiheit des Flüchtigen – um dieser Anklage zu entgehen, musste Greenfield sowohl sein Temperament als auch sein körperliches Erscheinungsbild ändern – bestieg Inspektor Frawley den ersten Dampfer von New York zum Isthmus von Panama.

Er hatte leichte Zweifel an Greenfields endgültigem Ziel, denn die Flucht des Verbrechers ist für den Süden ein blinder Instinkt, als wäre sie eine verzweifelte Rückkehr in die Barbarei. Zu dieser Zeit hatten Chile und Argentinien das Auslieferungsprinzip noch nicht akzeptiert und blieben das Mekka der Gesetzesbrecher der Welt.

Obwohl Frawley sich Greenfields Ziel sicher war, schlug er nicht sofort auf den Argentinier ein. Der ehrenwerte Justizminister hatte die Notwendigkeit beseitigt, auf die Zeit zu achten. Frawley musste weder raten noch Risiken eingehen. Er musste einfach ein Rad in der Maschinerie des Gesetzes werden und langsam, unermüdlich und unerbittlich mahlen. Diese Idee passte hervorragend zu seinem Temperament und seinen Wünschen.

Er kam in Colon an, nahm den Zug nach Panama über den mühsamen Weg, auf dem tausend kleine Männer unentwegt herumkratzten, und begann am Rande des Pazifiks seine Suche. Niemand hatte von Greenfield gehört.

Nach einer Woche Wartezeit ging er an Bord eines Dampfers und kroch die Westküste Südamerikas entlang, untersuchte jeden Hafen, trotzte dem Gelbfieber in Guayaquil, Ecuador, und erlebte einen Aufstand in Callao, Peru, bevor er in Lima die Spur des Flüchtigen fand. Greenfield hatte den Tag dort verbracht und war nach Chile aufgebrochen. Frawley kreuzte jeden Zwischenhafen mit der gleichen Vorsicht ab und folgte der Spur nach Valparaiso. Greenfield blieb eine Woche und reiste erneut ab.

Frawley nahm sofort einen Dampfer nach Argentinien, fuhr die südamerikanische Landzunge hinunter, durch die Magellanstraße und erreichte schließlich den Hafen von Buenos Aires.

Eine Stunde später, als er seinen Platz am Tisch im Criterion Gardens einnahm, legte sich eine Hand auf seine Schulter und jemand hinter ihm sagte:

„Na, Bub!"

Er hat sich gedreht. Ein dünner, mittelgroßer Mann mit blauen Augen und gelbem Teint lachte in Erwartung seines Unbehagens. Frawley legte die Speisekarte sorgfältig nieder, hob den Kopf und antwortete leise:

„Warum, wie geht es dir , Bucky?"

III

„Wir schütteln natürlich", sagte Greenfield und streckte seine Hand aus.

„Warum nicht? Setz dich."

Der Flüchtling ließ sich auf einen Stuhl fallen, ließ die Arme über die Rückenlehne hängen und fragte sofort:

„Warum hast du so lange gebraucht? Du bist natürlich hinter mir her?"

„Bin ich?" Frawley antwortete und sah ihn fest an. Greenfield kam mit einem Zucken der Schultern auf seine Frage zurück:

„Warum hast du so lange gebraucht? Hast du nicht gedacht, dass ich direkt gekommen bin?"

„Das ist keine Vermutung", sagte Frawley.

"Was hältst du davon, auf meine Kosten zu essen?", sagte Greenfield mit einem boshaften Lächeln. "Das bin ich dir schuldig. Ich habe deinen Urlaub ziemlich verkürzt. Außerdem - das weißt du wohl selbst - kannst du mich hier nicht anfassen. Warum reden wir nicht offen darüber? Sag mal, Bub, soll es auf meine Kosten gehen?"

„Ich bin bereit."

Ein Kellner kam heran und nahm die Bestellung auf, die Greenfield ohne zu zögern aufgab.

„Siehst du, sogar das Abendessen war für dich fertig", sagte er mit einem Augenzwinkern. „Mal sehen, wie es dir gefällt." Mit einer Geste der Ungeduld schob er die Speisekarte beiseite, stützte die Arme auf den Tisch und sah seinen Verfolger plötzlich mit der Teufelei eines Schuljungen an, die in seinen Augen glitzerte. „Also, Bub, ich bin in dein vollgebranntes Kanada gegangen!"

„ Das hast du – warum?"

„Nun", sagte Greenfield und zog mit der Messerspitze Linien auf den Flor, „ein Grund war, dass ich sehen wollte, ob der Laden Ihrer Majestät eine solche Langwaffe hat, die mit allen möglichen Feuerwaffen betrieben wird –
"

„Und der andere Grund war, dass ich Sie gewarnt habe, hinter der Leitung zu bleiben."

„Aber Bub, du *bist* ein aufgeweckter Junge!"

„ Ich bin es nicht , Bucky", antwortete Frawley kopfschüttelnd. „Es ist die Regierung, die hinter Ihnen her ist."

„Gut – erstklassig – dann werden wir ein bisschen Aufregung haben!“

„Davon wirst du genug haben, Bucky!“

„Vielleicht, Bub, vielleicht. Na ja, ich habe das ganz gut hingekriegt, oder?“

„Das hast du“, gab Frawley mit einem anerkennenden Nicken zu. „Aber du lagst falsch – du lagst falsch – du hättest dich fernhalten sollen. Die kanadische Regierung ist nicht wie deine verdammte Demokratie. Sie vergibt nicht – sie vergisst nicht. Hefte das an, Bucky. Es ist ein Prinzip, das bei dir auf dem Spiel steht!“

„Weiß ich es nicht?“, rief Greenfield und schlug auf den Tisch. „Was glauben Sie denn sonst, warum ich es getan habe?“

Frawley sah ihn an und sagte dann langsam: „Ich habe ihnen gesagt, es sei eine persönliche Angelegenheit.“

„ Natürlich war es das! Glaubst du, ich könnte draußen bleiben, nachdem du mir Bescheid gegeben hast? Verdammt, dein englischer Stolz und deine englische Gerechtigkeit! Ich bin ein guter Ami, um zu sehen, ob deine versaute Polizei so ein glühender Hingucker ist kleiner Haufen Wundertäter, wie du sagst! Bub – du denkst, du wirst Mr. Greenfield kriegen, nicht wahr?“

„Ich denke nicht, Bucky-“

„Äh?“

„Ich bleibe einfach bei dir.“

„Bleib bei mir!“ rief Greenfield mit einem Gebrüll des Ekels. „Warum, du einfallsloser, schwerfälliger, Rindfleisch fressender Canuck, so kannst du mich nicht kriegen! Warum zum Teufel hast du dich nicht für hier entschieden, anstatt dich an der ganzen Küste Südamerikas entlang zu schleichen ?“

„Bucky, du verstehst die Situation nicht richtig“, widersprach Frawley, ohne den ruhigen Tonfall seiner Stimme zu verändern. „Angenommen, es wäre ein verdammtes Unternehmen gewesen, das mich geschickt hätte –? Das hätte ich getan. Aber diesmal ist es die Regierung – die Regierung Ihrer Majestät! Die Zeit spielt keine Rolle. Ich hätte den ganzen Kontinent abgesucht, wenn es nötig gewesen wäre – obwohl ich wusste, wo Sie waren.“

„Und was jetzt? Du kannst mich nicht anfassen, Bub“, fügte er ernst hinzu. „Ich mag offene Gespräche, von Mann zu Mann. Also, was ist dein Spiel?“

"Geschäft."

„Also gut“, sagte Greenfield mit einem Stirnrunzeln, „aber Sie dürfen mich nicht berühren – jetzt. Es steht ein Auslieferungsvertrag bevor, aber dann

müsste es eine rückwirkende Klausel geben, um Ihnen etwas zu nützen." Er
hielt inne und studierte den Gesichtsausdruck des Inspektors. „Es gibt genug
Leute wie mich hier, um dafür zu sorgen, dass das nicht passiert. Sag mal,
Bub?"

"Also?"

„Sie verteilen ein quadratisches Paket, nicht wahr?"

„Das ist mein Ruf, Bucky."

„Gib mir dein Wort, dass du mich ernst nehmen wirst."

Inspektor Frawley beugte sich vor und bediente sich eifrig. Greenfield
musterte mit geschürzten Lippen jede Bewegung.

„Keine Entführungstricks?"

Ohne den Blick zu heben, schärfte Frawley sein Messer kräftig an der Gabel
und begann zu essen.

„Und, Bub?"

"Was?"

„Keine ausgefallene Entführung?"

„Ich verspreche nichts, Bucky."

Es gab einen Moment der Leere, während Greenfield nachdachte. Plötzlich
streckte er seine Hand aus und sagte mit einem Nicken: „Du bist ein weißer
Mann, Bub, und ich habe nie ein Wort dagegen gehört." Er füllte ein Glas
und schob es Frawley zu. „Wir können genauso gut darauf anstoßen. Denn
ich habe eine ziemliche Meinung, bevor wir diese kleine Angelegenheit
durchgehen – es wird etwas geben, worüber es sich zu reden lohnt."

„Dann auf dich, Bucky", sagte Frawley und nickte.

„Denken Sie daran, was ich Ihnen sage ", sagte Greenfield und blickte über
sein Glas, „es wird etwas geben, wofür es sich zu leben lohnt."

„Ich sage, Bucky", sagte Frawley mit trägem Interesse, „würden sie dir hier
Fünf-Uhr-Tee servieren, frage ich mich?"

Greenfield zog sich zurück und lachte überlegen.

„Bub, es tut mir leid für dich – ich vertraue es."

„Wieso, Bucky?"

„Na, du schwerfälliges kleines englisches Lamm, du hast nicht die geringste
Ahnung, worauf du dich da einlässt !"

„Auf was lasse ich mich da ein, Bucky?“

Greenfield warf kichernd den Kopf zurück.

„Wenn du mich erwischst, wird es der letzte Job sein, den du jemals schaffst.“

„Vielleicht, vielleicht.“

„Da die Dinge nun mal mit rechten Dingen zugehen – hör mir mal zu“, sagte Greenfield plötzlich ernst. „Bub, du wirst mich nicht lebend kriegen. Nichts Persönliches, verstehst du, aber es wird dein Leben oder meines sein müssen. Wenn es hart auf hart kommt, pass auf dich auf –“

„Oh ja“, sagte Frawley mit einem sachlichen Nicken, „ich verstehe.“

„Ich habe nicht versucht, Sie zu bestechen“, sagte Greenfield und stand auf. „Danken Sie mir dafür – obwohl ein anderer Mann lebenslang eingesperrt worden wäre.“

„Danke“, sagte Frawley mit gedehnter Stimme. „Und Sie werden bemerken, dass ich Ihnen nicht geraten habe, zurückzukommen und sich der Sache zu stellen. Mir scheint, wir verstehen uns.“

„Hier ist meine Adresse“, sagte Greenfield und reichte ihm eine Karte; „Vielleicht ersparen Sie sich Ärger. Ich bin jede Nacht hier.“ Er streckte seine Hand aus. „Kommen Sie vorbei und treffen Sie den Profesh. Sie sind hier sehr schlau. Sie würden sich auch freuen, Sie kennenzulernen.“

„Vielleicht werde ich das tun.“

„Ta-ta, dann.“

Greenfield machte ein paar Schritte, blieb stehen und lehnte sich mit einem Lächeln voller Schalk zurück.

„Übrigens, Bub – wie viel Zeit haben dir die Dinkies Ihrer Majestät gegeben?“

„Es ist eine Lebensverabredung, Bucky.“

„Wirklich – Gott sei Dank – dann hat Ihre blühende Regierung doch einen gewissen Sinn.“

Die beiden Männer salutierten ernst und wechselten zum Abschied.

„Jetzt, Bub – bleib fit.“

„Das Gleiche gilt für dich, Bucky.“

IV

Der Anblick von Greenfield, wie er gemächlich zwischen den lauten Tischen davonschlenderte, tapfer in seiner Art, teuflisch im Herzen, war der letzte Blick, den Inspektor Frawley seit vielen Monaten von ihm bekommen sollte. Zwar hatte Greenfield nicht gelogen: Die Adresse war echt, aber der Mann war weg. Tagelang ließ Frawley die Stadt durchkämmen, ohne eine Ahnung zu bekommen. Kein Dampfer hatte den Hafen verlassen, nicht einmal ein Tramp. Wenn Greenfield sich nicht versteckte, musste er sich im Inneren vergraben haben.

Es dauerte eine Woche, bis Frawley die Spur fand. Greenfield war dreißig Meilen ins Landesinnere gelaufen und hatte auf der Strecke über die Anden nach Valparaiso den Zug nach Rio Mendoza genommen.

Frawley folgte noch am selben Tag, etwas verwirrt über diesen plötzlichen Basiswechsel. Im Zug stand das Thermometer bei 116°. Die Hitze machte aus allem eine Einsamkeit. Frawley, leblos, erstickend und betäubt, klebte an den Luftlöchern fest, den Blick auf den Horizont gerichtet, während der Zug über den nackten, versengten Rücken der Ebene raste wie der Striemen, der dem Fall der Peitsche entgegenspringt. Zwei Nächte lang sah er zu, wie die aufgeblähte Sonne, erschöpft von ihrem eigenen Wahnsinn, in die erhitzte Leere zurückfiel und wie die gequälten Sterne über der heimgesuchten Wüste aufgingen. Nach sechsunddreißig qualvollen Stunden erreichte er Rio Mendoza. Von dort erreichte er Punta de Vacas, besorgte sich Maultiere und einen Führer und bereitete sich auf den Aufstieg über die Berge vor.

Um zwei Uhr am nächsten Morgen begann er, aus der Hölle herauszusteigen. Die gequälten Ebenen lagen unter ihm. Eine göttliche Frische hauchte ihn an und gab ihm neue Hoffnung auf Leben. Er ließ den brennenden Konflikt des Sommers hinter sich und ging in den Duft des Frühlings über.

Dann wurde die Luft schwüler, eine neue Erstickung drückte an seine Schläfen – die Erstickung durch zu viel Leben. In einer Stunde hatte er alle Jahreszeiten durchlebt. Die Kälte des ewigen Winters brach herein und stach ihm in die Sinne. Immer höher und höher ging es – dann plötzlich bergab, mit dem Mischlingsführer und dem unermüdlichen Maultier immer im gleichen Abstand vor ihm; und wieder begann das beharrliche mechanische Aufwärtsarbeiten. Er wurde lustlos und gleichgültig, ergab sich diesen steilen Anstrengungen, die er im nächsten Moment wieder zunichte machen musste. Der Schrecken der immensen Entfernung umgab ihn. Von Zeit zu Zeit schoss ein Stein, der sich durch ihre Passage gelöst hatte, unter ihm hervor, prallte gegen den Rand und wirbelte ins Leere, um endlos zu fallen. Die

Oberfläche der Erde wurde verschwommen und verschwand vor seinen Augen in Nebel.

Dann, als sie sich immer weiter nach oben mühten, raste ein Sturm wie aus Wut auf sie herab, fegte Wirbelstürme aus Schnee auf, tobte und kreischte, riss sie an den Rand und drohte, sie auszulöschen .

Frawley umklammerte den Sattel und schlang dann seine Arme um den Hals seines Maultiers. Sein Kopf schwankte, das empörte Blut schoss ihm in die Nase und in die Ohren, seine Lungen konnten der göttlichen Luft nicht mehr Herr werden. Dann blieben die Maultiere plötzlich erschöpft stehen. Durch den Strudel schrie ihm der Führer zu, er solle den Sporn nicht benutzen. Frawley fühlte sich vom Tod bedroht und empfand keinen Groll.

Einen Tag lang beleidigten sie die riesige Wildnis, bis sie sich Tausende von Fuß über das Menschengeschlecht erhoben hatten. Dann begannen sie abzusteigen.

Unter ihnen schwappten und rollten die Wolken wie die Elemente vor der Schöpfung. Dennoch stiegen sie hinab, und die feuchte Vergessenheit umgab sie wie der Fluch einer Welt ohne Farbe. Die trostlosen Nebel teilten sich und begannen sich über ihnen aufzurollen, eine Wolke spaltete sich, und durch den Schlitz sprang die Erde empor, und das feste Land breitete sich vor ihnen aus, als hätte es im Morgengrauen dem Willen des Schöpfers gehorcht. Sie sahen die Hügel und Berge wachsen und die Flüsse zum Meer strömen. Die Massen von Braun und Grün begannen, mit Rot und Gelb zu spritzen, als die Felder fruchtbar und fruchtbar wurden; und die Insektenrasse der Menschen begann hin und her zu kriechen .

Der Mischling, der die Szene zum hundertsten Mal sah, neigte ehrfürchtig den Kopf. Frawley richtete sich im Sattel auf, streckte die Steifheit aus seinen Gliedern, tätschelte sein Maultier fürsorglich, blickte den Führer an und blieb angesichts der stummen, ehrfürchtigen Haltung verblüfft stehen.

„Was starrt er denn jetzt so?", murmelte er und fügte dann mit einem Blick auf die Uhr besorgt hinzu: „Sag mal, Sammy, wann kriegen wir was zu essen?"

V

In Valparaiso fand er schnell die Spur von Greenfield. Bis zu seiner Abreise waren zwei Boote unterwegs: eines nach Norden und eines durch die Magellanstraße nach Buenos Ayres. Greenfield hatte für jeden ein Ticket gekauft, nachdem er sein Konto bei einer örtlichen Bank abgebucht hatte. Frawley war ratlos: Die Flucht von Greenfield nach Norden bedeutete, in die Klauen des Gesetzes zu geraten. Die Abhebung des Kontos entschied ihn. Er kehrte auf dem gleichen Weg nach Buenos Ayres zurück und kam am Tag vor dem Dampfer an. Zu seinem Unbehagen war Greenfield nicht an Bord. Indem er seinen Schutz auf lächerliche Weise aufgab, hatte er den Detektiv aus der Bahn geworfen und drei Wochen gewonnen. Ohne größere Bedenken als bei einer Reise von Toronto nach New York überquerte Frawley ein drittes Mal die Anden und machte sich daran, seinen ersten Fehler zu korrigieren.

Er verfolgte Greenfield mühsam die Küste hinauf bis nach Panama und verlor dort die Spur. Nach zwei Monaten erfuhr er, dass Greenfield als einfacher Matrose auf einem Frachter an Bord gegangen war, der in Hawaii anlegte. Von hier aus folgte er ihm nach Yokohama, Singapur, Ceylon und Bombay.

Von dort aus hatte Greenfield den Wasserweg plötzlich aufgegeben und war über Land nach Bagdad und durch das türkische Reich nach Konstantinopel weitergereist. Ohne Pause folgte ihm Frawley als nächstes auf den Balkan, durch Bulgarien, Rumänien , inmitten von Massakern und Revolutionen nach Budapest, zurück nach Odessa und über die Rückseite Russlands über Moskau und Riga nach Stockholm. Ein Jahr war vergangen.

Mehrmals hätte er den Flüchtling einholen können, wenn er auf seinen Instinkt vertraut hätte; aber er wartete ab, verzichtete auf einen Geniestreich, um sicherzugehen, keinen Fehler zu begehen, und wartete auf den Moment, in dem Greenfield innehalten und er ihn einholen könnte. Aber der Flüchtling raste, als hätte ihn eine Bremse gestochen, weiter wie verrückt über Meer und Kontinent. Frawley setzte die Verfolgung unermüdlich fort, obwohl er vier Monate oder fünf Monate zurücklag.

Von Stockholm aus führte die Jagd nach Kopenhagen, nach Christiansand , die Nordsee hinunter nach Rotterdam. Von dort war Greenfield mit der Eisenbahn nach Lissabon geeilt und hatte einen Dampfer nach Afrika genommen, wobei er Gibraltar, Portugiesisch- und Französisch-Guinea sowie Sierra Leone berührte und von dort weiter in den Kongo weiterfuhr. Einen Monat lang verschwanden alle Spuren in der Steppe, bis Frawley die

Spur durch Zufall und nicht durch eigene Verdienste in Madagaskar erneut fand, wohin Greenfield nach einem verzweifelten Versuch gekommen war, seine Spur in den riesigen Ebenen des südlichen Afrikas zu vergraben.

Von Madagaskar folgte ihm Frawley nach Aden in Arabien und mit dem Dampfer nach Melbourne. Erneut suchte er wochenlang vergeblich nach der verworrenen Spur durch Australien, hinauf durch Sydney, wieder hinunter nach Tasmanien und Neuseeland, auf einen falschen Hinweis hin, zurück nach Queensland, wo er schließlich in Cooktown erneut vom Tod seines Mannes erfuhr.

Das dritte Jahr begann ohne nennenswerten Gewinn. Greenfield war immer noch drei Monate im Voraus, hielt nie inne und huschte von Kontinent zu Kontinent, als wäre er sich instinktiv der Fortschritte seines Verfolgers bewusst.

In diesem Jahr besuchte Frawley Sumatra, Java und Borneo, hielt in Manila an, sprang sofort nach Korea und eilte weiter nach Wladiwostok, wo er feststellte, dass Greenfield eine Passage auf einem Robbenfänger nach Auckland besorgt hatte. Dort hatte er den Dampfer durch die Magellanstraße zurück nach Buenos Ayres gebracht.

Dort hörte er innerhalb der ersten Stunde die Meldung, dass sein Mann nach Rio de Janeiro weitergereist war, sich dort die Cholera eingefangen hatte und dort gestorben war. Frawley ließ sich von der Epidemie nicht entmutigen, nahm das nächste Boot und gelangte schwimmend an Land in die heimgesuchte Stadt. Eine Woche lang durchsuchte er die Krankenhäuser und Friedhöfe. Greenfield war tatsächlich erkrankt, hatte sich aber lebend in den Norden Brasiliens aufgemacht. Durch die Verzögerung gewann Frawley drei Monate, doch ohne Hitze oder Aufregung nahm er die Verfolgung von neuem auf, führte die Küste hinauf nach Para und zur Mündung des Amazonas, über Bogota und Panama nach Mexiko und weiter hinauf zur texanischen Grenze. Die Monate zwischen ihm und Greenfield verkürzten sich zu Wochen, dann zu Tagen, ohne dass seine Gelassenheit dadurch beeinträchtigt wurde. In El Paso kam er wenige Stunden nach Greenfields Abreise an und machte sich auf den Weg zum Salzbecken und den Guadalupe-Bergen. Frawley nahm Pferde und einen Führer und folgte ihm bis zum Rand der Wüste. Um drei Uhr nachmittags tauchte am Horizont ein Reiter auf, eine Gestalt, die still und aufmerksam verharrte und sein Herannahen durch ein Fernglas beobachtete. Plötzlich, als sei er zufrieden, nahm der Fremde seinen Hut ab, schwenkte ihn herausfordernd über seinem Kopf, klammerte sich an sein Pferd und verschwand in der Wüste.

VI

Frawley verstand die Herausforderung – das Ende würde in der Wüste sein. Da es ihm nicht gelang, seinen Führer durch Drohungen oder Versprechen zu bewegen, ließ er ihn am Rand der Wüste zurück, wo er verzweifelt schreiend zurückblieb, und ritt weiter in die Richtung, wo Greenfields Gestalt in einer Staubwolke am Horizont verschwunden war.

Drei Tage lang zogen sie grimmig durch den ausgedörrten Sand, sparsam mit jeder Kraft, in Sichtweite voneinander, immer im gleichen, unveränderlichen Gang. Nachts schliefen sie ruckartig und ruckartig, mit einem geschulten Ohr für das leiseste feindliche Geräusch. Dann warfen sie ihre Sättel, ihre Gewehre und überflüssige Kleidung beiseite, in dem vergeblichen Versuch, ihre Pferde zu retten.

Die Pferde krochen schwankend und schwankend über den weichen Sand wie an einem Faden gezogene Silhouetten. Am Himmel erschien keine Wolke; Unten erstreckte sich die gelbe Monotonie flach wie eine Schüssel. Über ihnen kreiste ein fauler Bussard träge im Kreis und folgte ihm mit geduldiger Überzeugung.

Am vierten Morgen blieb Frawleys Pferd stehen, zitterte und fiel zusammen. Greenfield blieb stehen und betrachtete sein Unbehagen grimmig, ohne ein Anzeichen von Hochstimmung.

„Das ist schlimm, sehr schlimm", sagte Frawley richterlich. „Ich hätte die Abteilung benachrichtigen sollen. Aber es ist noch nicht vorbei – sein Pferd wird nicht lange durchhalten. Nun, ich darf nicht viel tragen."

Er ließ seinen Revolver, ein Messer und 200 Dollar in Gold zurück und ging zu Fuß weiter, wobei er nur den Wasserbeutel mit seinem kostbaren Schluck behielt. Greenfield, der unbeweglich gewartet hatte, ließ ihn bis auf eine Viertelmeile herankommen, bevor er sein Pferd in Bewegung setzte.

„Er wird dafür sorgen, dass ich hier bleibe", sagte sich Frawley, als er sah, dass Greenfield keinen Versuch unternahm, den Vorsprung auszubauen. „Nun, wir werden sehen."

Zwölf Stunden später gab Greenfields Pferd auf. Frawley stieß einen Freudenschrei aus, aber die Behinderung von einem halben Tag war ernst; er war erschöpft, ausgehungert und in der Tasche war nur noch so viel Wasser, um seine Lippen zu befeuchten.

Der fünfte Tag brach mit einer wütenden Sonne an, und kein Zeichen am Horizont konnte die ewige Monotonie unterbrechen. Nur der Bussard in gleicher Höhe wartete auf seine Zeit. Jäger und Gejagter, durch ihr gemeinsames Leiden zwangsläufig vereint, trotteten mit der ermüdenden, hoffnungslosen Anstrengung menschlicher Wesen vor einem Pflug weiter und legten kaum eine Meile pro Stunde zurück. Von Zeit zu Zeit setzten sie sich einvernehmlich hin, hagere, erschöpfte Gestalten, und beäugten einander mit dem Instinkt von Tieren, die Ellbogen auf den knochigen Knien. Ob aus Angst, Energie zu verlieren, oder unter dem Zauber der furchtbaren Stille, keiner von ihnen hatte ein Wort gesagt.

Frawley brannte vor Durst. Die Wüste drang mit ihrer trockenen, tödlichen Hitze in seinen Körper ein und ließ ihre verzehrende Trockenheit durch seine Adern fließen; seine Augen traten aus seinem Gesicht, als die Sonne über ihm aus dem ausgedörrten Himmel hing. Er begann mit sich selbst zu sprechen, zu singen. Unter seinen Füßen rieselte der Sand wie das leise Protestieren von Herbstblättern. Er stellte sich vor, er wäre wieder im Wald, hörte das Rascheln der belaubten Zweige und das gelegentliche Fallen von Eicheln und Zweigen. Auf einmal weigerten sich seine Beine, sich zu bewegen. Er stand still, sein Blick war einen langen Moment auf Greenfields Gestalt gerichtet, dann brach sein Körper unter ihm zusammen und er sank willenlos zu Boden.

Greenfield blieb stehen, setzte sich und wartete. Nach einer halben Stunde erhob er sich, ging weiter, blieb dann stehen, kehrte zurück, näherte sich und lauschte dem Gesäusel des wahnsinnigen Mannes. Plötzlich zufrieden, warf er in rasender Triumphstimmung beide Arme in die Luft, drehte sich um, taumelte und taumelte davon, während über die Wüste in rasender Siegeslust der groteske, abscheuliche Refrain ertönte:

„Yankee Doodle Dandy, oh!

Yankee Doodle Dandy!"

Frawley sah ihm nach, dann richtete er mit einem Seufzer der Erleichterung seinen Blick auf die schwarze, sich drehende Gestalt in der Luft – zumindest diese war noch da, um den Schrecken der Einsamkeit zu durchbrechen. Dann verlor er das Bewusstsein.

Das Schlagen der Flügel vor seinem Gesicht ließ ihn aufschrecken und einen Schmerzensschrei ausstoßen. Der große Aasvogel, der bei der Inspektion erschrocken war, flog unbeholfen davon und ließ sich furchtlos auf dem Boden nieder, wo er ihm zublinzelte.

Eine gewaltige Revolte, eine wütende Wut brachte neue Kraft mit sich. Er stand auf, stürzte sich mit geballter Faust auf den Vogel und verfluchte ihn, während er unbeholfen davontrottete. Dann kämpfte er verzweifelt weiter und folgte den Spuren im Sand.

Nach einer Stunde erschienen Flecken am Horizont. Er sah sie in seinem Delirium an und begann unruhig zu lachen.

„Ich muss verrückt sein", sagte er sich ernst. „Es ist eine Fata Morgana. Nun, ich nehme an, es ist das Ende. Wen werden sie jetzt mit dem Fall beauftragen? Keech, nehme ich an; ja, Keech; er ist ein guter Mann. Natürlich ist es eine Fata Morgana."

Als er weiter vorwärts stolperte, nahmen die Punkte die Form von Bäumen und Hügeln an. Er lachte verächtlich und begann, sich selbst Vorwürfe zu machen, indem er wiederholte:

„Es ist eine Fata Morgana, oder ich bin verrückt." Er begann sich Sorgen zu machen und sagte immer wieder: „Das ist ein schlechtes Zeichen, sehr schlecht. Ich darf die Kontrolle über mich nicht verlieren. Ich muss an ihm festhalten – an ihm festhalten, bis er an Altersschwäche stirbt. Bucky Greenfield! Nun, er wird da auch nicht rauskommen. Wenn die Abteilung nur wüsste!"

Je näher er dem Leben kam, desto empörter wurde er. So gelangte er an den Rand der Bäume und Grünflächen.

„Warum gehen sie nicht?", sagte er wütend. „Das sollten sie jetzt tun. Komm, ich glaube, ich behalte einen bemerkenswert guten Kopf."

Auf einmal kam ihm eine großartige Idee: Er würde durch die Fata Morgana hindurchgehen und ihr ein Ende setzen. Wütend rannte er gegen einen imaginären Baum, schlug sich die Stirn an und fiel bewusstlos um.

VII

Als Frawley wieder zu Bewusstsein kam, befand er sich in der Hütte eines Mischlings-Indianers, der sich eine Kräutersuppe zwischen die Lippen drückte.

Zwei Tage später erlangte er seine Kraft wieder so weit zurück, dass er eine Ranch erreichen konnte, die Engländern gehörte. Von ihnen ausgerüstet machte er sich sofort auf den Weg nach El Paso; um die endlose Suche erneut aufzunehmen.

Am späten Nachmittag kam er müde und durstig in einer Hütte an, wo eine Handvoll mexikanischer Kinder in der Kühle der Mauer lümmelten. Als er hörte, wie er sich näherte, rannte eine Frau zur Tür und schrie in mexikanischem Kauderwelsch um Hilfe. Er rannte hastig zum Haus, die Hand an der Pistole. Die Frau kauerte, ohne mit ihrem Geplapper aufzuhören, in der Tür und deutete auf die dunkle Ecke gegenüber. Frawley folgte ihrem Blick und sah die Gestalt eines Mannes, der auf einem eiligen Bett aus Blättern lag. Er machte ein paar schnelle Schritte und erkannte Greenfield.

Im selben Moment sprang das Bündel auf und schrie:

"Wer ist er?"

Frawley bedeckte ihn mit einer schnellen Bewegung mit seinem Revolver und rief:

„Hände hoch. Ich bin es, Bucky, und jetzt habe ich dich!"

„Frawley!"

„Das ist es, Bucky – Hände hoch!"

Ohne zu gehorchen, starrte Greenfield ihn wild an.

„Gott, es ist Frawley!" schrie er und fiel zusammenfallend zurück.

Inspektor Frawley trat einen Schritt vor und wiederholte seinen Befehl ohne Zweifel:

„Hände hoch! Schnell!"

Auf dem Bett zog sich der verzerrte Körper plötzlich zu einer Kugel zusammen.

„Ganz einfach, Bub", sagte Greenfield zwischen den Zähnen. „Einfach, sei nicht aufgeregt. Ich sterbe."

"Du?"

Frawley näherte sich vorsichtig und misstrauisch.

„Tatsache. Ich mache Kasse ."

"Was ist los?"

„Käfer. Einfach ein Käfer – den Rest hat die Wüste erledigt."

"Ein Was?"

„Vogelspinnenbiss – lache nicht, Bub."

Frawley, der neben ihm stand, brauchte nur einen Blick zu werfen, um zu erkennen, dass es wahr war. Er ließ seine Hand über Greenfields Gürtel gleiten und zog seine Pistole heraus.

„Tut mir leid", sagte er knapp und stand auf.

„Ganz aufrecht , Bub!"

"Kann ich etwas für dich tun?"

"Nein."

Plötzlich, ohne Vorwarnung, richtete sich Greenfield auf, starrte ihn böse an, streckte die Hände aus und verfiel in einen leidenschaftlichen Weinanfall. Frawleys englische Zurückhaltung war empört.

"Was ist los?" sagte er wütend. „Du wirst jetzt doch nicht die weiße Feder zeigen, oder?"

Mit einem Eid saß Greenfield kerzengerade da, still und nervös.

„D – du, Bub – zeig etwas Fantasie", sagte er nach einer Pause. „Glaubst du, es macht mir etwas aus, zu sterben – ich? Das ist gut so. Es ist nicht so – nein – es endet, endet so. Nach allem, was ich durchgemacht habe, von einem Käfer aus dem Geschäft gedrängt zu werden – ein Ärgernis." kleiner Käfer."

Dann verstand Frawley seinen Fehler.

„Ich sage, Bucky, ich nehme das zurück", sagte er unbeholfen.

„Keine Vorstellungskraft, keine Vorstellungskraft", murmelte Greenfield und sank zurück. „Aber Mann, wenn ich dich dreimal um die Welt gejagt hätte und dich erwischt hätte, würde ich über dich herfallen und dich zu Brei schlagen oder – oder ich würde dich umarmen wie einen lang vermissten Bruder."

„Ich habe um Verzeihung gebeten", sagte Frawley erneut.

„In Ordnung, Bub – in Ordnung", antwortete Greenfield mit einem kurzen Lachen. Dann, nach einer Pause, fügte er ernst hinzu: „Du bist also gekommen – nun, ich bin froh, dass es vorbei ist. Bub", fuhr er fort und richtete sich aufgeregt auf seinen Ellbogen auf, „hier ist etwas Seltsames, aber du wirst es nicht verstehen." Weißt du, ich wusste die ganze Zeit genau, wo du warst – ich hatte das Gefühl, dass du zuerst weit weg warst, über dem Horizont. Dann spürte ich, wie dieser Fleck immer größer wurde – nach Rio Janeiro, als ich die Wahrheit des Evangeliums empfand, ging es mir auf die Nerven, und an diesem Morgen träumte ich davon die Spur, als du nur ein Fleck auf irgendeinem alten Mistkerl warst – ich wusste es! Du – du verstehst solche Dinge nicht, Bub, oder?"

Frawley bemühte sich, scheiterte und antwortete hilflos:

„Nein, Bucky, nein, ich kann nicht sagen, dass ich es verstehe."

„Warum glaubst du, dass ich dich nach Rio Janeiro gebracht habe?" sagte Greenfield und drehte sich in den Blättern. „In die Cholerie ? Was glaubst du, hat mich dazu gebracht, mich auf diese Wüste zu verlassen? Bub, du warst auf meinem Rücken und hast dich wie ein Katamount festgehalten. Ich musste dich abschütteln. Ich war verzweifelt. Es musste so oder so enden. „Andere . Deshalb habe ich an dir festgehalten, bis ich dachte, es wäre vorbei mit dir."

„Warum hast du nicht dafür gesorgt?" sagte Frawley neugierig; „Das hättest du für mich tun können."

Greenfield sah ihn eindringlich an und nickte.

„ Verdammt , Bub, ganz richtig!"

„Warum hast du es nicht getan?"

"Warum!" rief Greenfield wütend. „ Hatten Sie nie Fantasie gehabt? Wollte ich Sie wie einen gewöhnlichen Taschendieb abschießen, nachdem ich Sie dreimal um die Welt geflogen bin? Das hatte kein Ende! Gott, was für eine Verfolgungsjagd das war!"

„Es hat lange gedauert, Bucky", gab Frawley zu. „Es war gut!"

„Kannst du nichts verstehen?" Greenfield weinte mürrisch. „Wo gibt es etwas Größeres, mehr als das, was wir getan haben? Und wenn es so endet – einen Käfer zu haben – einen elenden, schwammigen Käfer hat dich doch geschlagen!"

Für einen langen Moment war kein Laut zu hören, während Greenfield sich drehte und den Kopf abgewandt in den Blättern vergraben lag.

„Das ist nicht richtig, Bucky", sagte Frawley schließlich und versuchte Mitgefühl zu zeigen. „So hätte es nicht enden dürfen."

"Das hat sich gelohnt!", rief Greenfield. "Drei Jahre! Es gibt nicht viel Dreck, den wir nicht aufgewirbelt haben! Asien, Afrika – eine echte Cook-Tour durch Europa, Nord- und Südamerika . Und was für Meere, Bub!" Seine Stimme stockte. Die Schweißtropfen standen ihm dick auf der Stirn, aber er riss sich tapfer zusammen. "Erinnerst du dich an das Japanische Meer mit seinen lustigen kleinen Spielzeugdschunken? Mann, wir haben Columbus, Jools Verne und all die anderen geschlagen – ach, Bub!"

„Ich sage, warum hast du das getan?"

„Du bist ein komischer Kerl", sagte Greenfield mit gebrochenem Lachen. Die Worte kamen immer kürzer und mühsamer. „Aufregung, Bub! Teufelei und Fluchen!"

„Wie fühlst du dich, Bucky?", fragte Frawley.

„Ich bin schon halb in der Hölle – und schmore wegen meiner Sünden – aber das ist es nicht – es ist –"

„Was, Bucky?"

„Dieser Käfer! Ich, Bucky Greenfield – wegen eines Käfers ohnmächtig zu werden – wegen eines kleinen, zappeligen Käfers! Aber ich schwöre, nicht einmal er hätte das tun können, wenn mich die Wüste nicht vorher außer Gefecht gesetzt hätte! Nein, bei Gott! So leicht bin ich nicht zu Boden gegangen!"

In einem schwachen Versuch, sein Mitgefühl zu zeigen, ging Frawley näher an den Sterbenden heran:

„Das sage ich, Bucky."

„Schrei los."

„Möchtest du nicht stehend, auf deinen Füßen rausgehen – mit deinen Stiefeln?"

Greenfield lachte, ein zufriedenes Lachen.

„Was ist los, Kumpel?" sagte Frawley und hielt überrascht inne.

„Du verdammter alter Engländer", sagte Greenfield liebevoll. „Sag mal, Bub."

„Ja, Bucky."

„Die Dinkies sind in Ordnung – aber – aber ein Yankee, ein richtiger Yankee, würde mich in sechs Monaten erwischen."

„Alles klar, Bucky. Soll ich dich hochziehen?“

„ Er ist weg.“

„Möchten Sie wieder das Gefühl einer Waffe in der Hand haben?“ sagte Frawley und richtete ihn auf.

Diesmal lachte Greenfield nicht, aber seine Hand schloss sich krampfhaft um den Kolben und er stieß einen wilden Seufzer der Freude aus. Seine Glieder zogen sich heftig zusammen, sein Kopf lag schwer auf Frawleys Schulter, der ihn wieder flüstern hörte:

„Ein Käfer – ein kleiner –“

Dann blieb er stehen und schien zuzuhören. Draußen war der Abend mild und bewegt. Durch die Tür kamen die Kinder, die in grotesken Posen übereinander purzelten.

Plötzlich, als hätte er im Wind das Geräusch eines Schrittes gehört, riss sich Greenfield fast aus Frawleys Armen los, schauderte und fiel starr zurück. Die Pistole wurde in die Luft geschleudert, wirbelte herum, fiel auf den Boden und blieb ruhig.

Frawley legte die Leiche zurück auf das Laubbett, hörte einen Moment zu und erhob sich zufrieden. Er warf eine Decke über das Gesicht, nahm den Revolver, suchte einen Moment nach seinem Hut und ging hinaus, um mit dem Mexikaner die Nacht zu arrangieren. Einen Moment später kam er zurück, setzte sich in die Ecke und begann, die Einzelheiten sorgfältig auf ein Stück Papier zu schreiben. Dann hielt er inne und blickte nachdenklich auf das Laubbett.

„Es waren gute drei Jahre“, sagte er nachdenklich. Er dachte einen Moment nach, klopfte mit dem Bleistift gegen seine Zähne und wiederholte: „Gute drei Jahre. Ich glaube, wenn ich nach Hause komme , werde ich um eine Woche oder so bitten, um mich zu strecken.“ Dann erinnerte er sich besorgt daran, wie Greenfield über seinen Mangel an Vorstellungskraft geschimpft hatte, und dachte einen Moment ernsthaft nach. Plötzlich, als wäre er zufrieden, sagte er mit einem überzeugten Nicken:

"Na, da sind wir aber doch ein bisschen gejoggt!"

LARRY MOORE

I

Die Baseballsaison war zu Ende und wir, Larry Moore und ich, gingen die Fifth Avenue hinunter. Wir diskutierten über die letzte Serie um die Meisterschaft und mein Freund schätzte seine Chancen ein, die Giants wieder an die Spitze zu bringen, als es auf der Avenue zu einem plötzlichen Stau kam und wir uns plötzlich einer Frau und einem Kind gegenübersahen, die in einem luxuriösen Victoria-Wohnwagen saßen .

Larry Moore, der meinen Arm festhielt, ließ ihn schnell los und schwankte in seinem Gang. Die Frau hielt den Atem an und zog hastig ihren Muff ans Gesicht; aber das Kind sah uns ohne Überraschung. Alles war innerhalb einer Sekunde vergangen, und doch hatte ich den lebhaften Eindruck einer Frau von seltsamer Anziehungskraft, elegant und träge, mit etwas in ihrem Gesicht, das in mir den Wunsch weckte, es wiederzusehen, und von einem hübschen Kind, das etwas zu ernst wirkte dieses glückliche Alter. Larry Moore vergaß, was er zu sagen begonnen hatte. Er sprach kein weiteres Wort, und als ich in sein Gesicht blickte, wurde mir klar, dass, so unglaublich es auch schien, eine gewisse Bindung zwischen der Frau, die ich gesehen hatte, und diesem grobknochigen, großrahmigen und großherzigen Idol der Welt bestand Tribünen.

Kommentarlos folgte ich Larry Moore, seiner Stimmung entsprechend, als er sofort die Avenue verließ und nach Osten ging. Zuerst lief er mit aufgeregten Schritten, dann verlangsamte er seinen Gang zu einem tiefsinnigen, nachdenklichen, dann blieb er stehen, legte seine Hand schwer auf meine Schulter und sagte:

„Steig ins Auto, Bob. Komm hoch ins Zimmer."

Ich verstand, dass er mit mir über das Geschehene sprechen wollte, und folgte ihm. So gingen wir, ohne ein weiteres Wort zu wechseln, in seine Räume und betraten das kleine Wohnzimmer, in dem die Trophäen seiner Karriere hingen, die ich mit einiger Neugier betrachtete. Auf dem Kaminsims in der Mitte sah ich sofort ein großes Foto des ehrenwerten Joseph Gilday, eines Wirtschaftsanwalts, über den wir Reporter viele harte Dinge erzählten, ein Bild, das ich hier unter den Fotos der Sportstars, die meinem Freund des Diamanten ihre Grüße geschickt hatten, nicht erwartet hatte. Etwas verwirrt näherte ich mich ihm und sah am unteren Rand in großen, festen Buchstaben geschrieben: „Ich bin stolz, Sie zu kennen, Larry Moore."

Ich lächelte, denn die Würdigung des großen Mannes des Gesetzes schien mir hier unpassend, da ich meinen einfältigen, gutherzigen Freund von früher kannte, den ich, um die Wahrheit zu sagen, notgedrungen unterstützte. Dann sah ich mich genauer um und sah ein Dutzend Fotos einer Frau, manchmal allein, manchmal mit einem hübschen Kind im Arm, und die Gesichter waren die Gesichter, die ich im Victoria gesehen hatte . Ich tat so, als hätte ich sie nicht gesehen; aber Larry, der mich beobachtet hatte, sagte:

„Schau noch mal hin, Bob; das ist die Frau, die du in der Kutsche gesehen hast, und das ist das Kind."

Also nahm ich ein Foto und betrachtete es lange. Das Gesicht hatte etwas Gefährlicheres als Schönheit an sich – das Gesicht einer Kleopatra mit einem Blick in den tiefen, ruhelosen Augen, der mir nicht gefiel; aber das sagte ich Larry Moore nicht. Dann legte ich es zurück an seinen Platz, drehte mich um und sagte ernst:

„Sind Sie sicher, dass Sie es mir sagen wollen, Larry Moore?"

„Das tue ich", sagte er. „Setz dich."

Er suchte nicht nach Vorrede, wie ich es getan hätte, sondern begann sofort, einfach und direkt – zweifellos erzählte er die Geschichte mehr sich selbst als mir.

„Sie hieß Fanny Montrose", sagte er, „ein hübsches Mädchen mit wundervollem goldenen Haar und großen schwarzen Augen, die mich erschauern ließen, an dem Tag, als ich die Fabrik in Bridgeport betrat, an dem Tag, als ich mich verliebte. ‚Ich bin Larry Moore; vielleicht haben Sie schon von mir gehört', sagte ich und ging geradewegs auf sie zu, als an diesem Abend die Pfeife ertönte, ‚und ich würde Sie gern nach Hause begleiten, Fanny Montrose.'

„Sie zog sich ziemlich schnell zurück, und ich dachte, sie hätte Geschichten über mich oben in Fall River gehört. Also sagte ich: ‚Ich wollte nur höflich sein. Sie haben vielleicht viel Schlechtes über mich gehört, und vieles davon ist wahr, aber Sie haben nie gehört, dass Larry Moore einer Dame gegenüber respektlos war.' Und ich sah ihr in die Augen und sagte: ‚Darf ich Sie nach Hause begleiten, Fanny Montrose?'

„Sie schwang einen Moment auf ihrem Fuß herum und sagte dann: ‚Das werde ich.'

„Ich hörte ein Lachen aufsteigen und drehte mich mit dem Gebiss zwischen den Zähnen um; aber es waren nur die Frauen, und die darf man nicht anfassen. Fanny Montrose eilte weiter, und ich sah, dass sie darüber verärgert war, also sagte ich demütig: ‚Es tut dir jetzt doch nicht leid, oder?'

„Oh nein", sagte sie.

„‚Wirst du meinen Arm festhalten?', fragte ich sie.

„Sie sah mir zuerst ins Gesicht und ließ dann ihre Hand so hübsch hineingleiten, dass mir alle Worte aus der Kehle kamen. ‚Du bist gerade erst nach Bridgeport gekommen, nicht wahr?‘, sagte sie schüchtern.

„‚Das habe ich‘, sagte ich, ‚und ich möchte, dass Sie die Wahrheit erfahren. Ich bin gekommen, weil ich aus Fall River raus musste. Ich hatte eine Auseinandersetzung – mehr als eine.‘

„Hast du deinen Mann geleckt?“, sagte sie und sah mich an.

„‚Ich habe jeden einzelnen von ihnen besiegt, und es war ein guter und fairer Kampf – wenn ich auch in Hochform war‘, sagte ich; ‚aber jetzt schäme ich mich dafür.‘

„Sie sind Larry Moore, der letzte Saison bei den Fall Rivers gepitcht hat?“, sagte sie.

"'Ich bin.'

„Du kannst welche werfen!“, sagte sie mit einem Nicken.

„‚Wenn ich heterosexuell bin, kann ich das.‘

„Und warum gehst du dann nicht wie ein Mann an die Sache heran? Du könntest es in die Nationals schaffen“, sagte sie.

„‚Ich hatte noch nie jemanden, für den ich arbeiten konnte‘, sagte ich.

„Wir gehen hier runter; ich wohne in Keenes Pension“, sagte sie daraufhin.

„Ich hatte Angst, dass ich zu voreilig gewesen war, also blieb ich ruhig, bis wir zur Tür kamen. Dann nahm ich meinen Hut ab, verbeugte mich vor ihr und sagte: ‚Lassen Sie mich ruhig mit Ihnen nach Hause gehen, Fanny Montrose?‘

„Und sie blieb auf der Türschwelle stehen und sah mich wortlos an, und ich fragte sie noch einmal und streckte meine Hand aus, denn ich wollte ihre ergreifen. Aber sie wich zurück und griff nach der Türklinke. Also sagte ich:

„‚Du brauchst keine Angst zu haben. Ich bin es, der Angst haben sollte.‘

„Und wovor hast du Angst, du großer Mann?“, sagte sie und hielt verwundert inne.

„‚Ich habe Angst vor deinen großen schwarzen Augen, Fanny Montrose‘, sagte ich, ‚und ich habe Angst vor deinem schmächtigen Körper, den ich in meinen Händen zerbrechen könnte‘, sagte ich, ‚denn ich werde mich in dich verlieben, Fanny Montrose‘.“

„Was gelogen war, denn das war ich schon. Dann rannte ich wie ein Idiot davon. Ich rannte davon, aber von dieser Nacht an ging ich mit Fanny Montrose nach Hause.

„Einen Monat lang leisteten wir Gesellschaft, und Bill Coogan, Dan Farrar und die anderen nahmen meine Aufmerksamkeit auf sich und hielten sich fern. Die Frauen lachten mich aus und spotteten über sie; aber ich kümmerte mich nicht um sie, denn ich kannte die Arbeitsweise der Fabrik.“ , und außerdem war auf dem Parkplatz keine Männerstimme zu hören – das habe ich gehört.

„Aber eines Nachts, als wir mit Fanny Montrose an meinem Arm zu Keenes Pension zurückgingen, baute sich Bill Coogan vor uns auf und rief ihr etwas ins Gesicht, an dem kein Weg vorbeiführte.

„Ich nahm sie ein wenig auf, weinte und zitterte, und sagte zu ihr: ‚Steh hier.‘

„Und ich ging zurück und packte Bill Coogan an der Kehle und am Gürtel, schwang ihn um meinen Kopf und schleuderte ihn gegen den Laternenpfahl. Und der Pfosten brach krachend ab, und Coogan lag still da, ohne mehr zu haben sagen.

„Ich ging zurück zu Fanny Montrose, die aufgehört hatte zu weinen, und sagte, zitternd vor Wut über die schmutzige Beleidigung: ‚Fanny Montrose, willst du meine Frau sein? Willst du mich heute Nacht heiraten?‘

„Sie stieß mich von sich weg, sah mir erschrocken ins Gesicht und sagte: ‚Willst du deine Frau sein?‘

„‚Ja‘, sagte ich, und dann, weil ich befürchtete, dass sie mir noch nicht genug vertraute, um mich zu heiraten, sagte ich feierlich: ‚Fanny Montrose, du brauchst keine Angst zu haben. Wenn ich betrunken und ausgelassen war, dann weil ich es wollte, und jetzt, da ich mich entschlossen habe, ehrlich zu sein, gibt es nichts Lebendes, das mich davon abbringen könnte. Fanny Montrose, willst du meine Frau werden?‘

„Dann streckte sie ihre beiden Hände nach mir aus und fiel ganz schlaff in meine Arme.“

<hr>

II

Larry Moore stand auf und ging durch den Raum. Als er zurückkam, ging er zur Wand und nahm ein Foto herunter; aber mit welcher Emotion, konnte ich nicht sagen, denn er hatte mir den Rücken zugewandt. Ich blickte noch einmal auf die seltsame, unbeständige Schönheit im Gesicht der Frau und fragte mich, was das für ein Wort war, das Bill Coogan gesagt hatte, und was der Grund dafür war.

"Von diesem Tag an hatte ich nur noch Glück", sagte Larry Moore und ließ sich wieder in seinem Stuhl nieder, wo sein Gesicht wieder im Schatten lag. "Sie hatte einen Kopf drauf, diese kleine Frau. Sie hat mich dorthin gebracht, wo ich jetzt bin. Ich war in dieser Saison Pitcher für die Bridgeports . Du kennst die Bilanz, Bob, sieben von dreiundvierzig Spielen verloren, und das war nicht einmal meine Schuld. Als sie mich wieder unter Vertrag nehmen wollten, auch für viel Geld, sagte die kleine Frau:

„,Tu das nicht, Larry Moore. Das ist nicht deine Klasse. Halte einfach noch ein bisschen durch.'

„Weißt du, Bob, wie ich damals bei den Giants unterschrieben habe und wie sie mein Gehalt am Ende des ersten Jahres erhöht haben; aber es war jedes Mal Fanny Montrose, die die Verträge gemacht hat. Wir bekamen damals das Kind und ich war glücklich. Das Geld kam schnell und es war viel Geld, und ich legte es ihr in den Schoß und sagte:

„Machen Sie damit, was Sie wollen. Ich möchte nur, dass Sie es wie eine Dame genießen."

„Vielleicht habe ich mich da geirrt – vielleicht war es so. Es war Stolz, das gebe ich zu; aber es kam keine Dame auf die Tribüne, die besser aussah als Fanny Montrose, wie ich sie immer nannte. Ich wurde zu einer Art Figur, wie Sie wissen, und die kleine Frau fuhr immer in irgendeinem Automobil zu den Spielen hin und her, und häufiger mit Paul Bargee .

„Eines Nachmittags kam Ed Nichols, der mich damals erwischte, mit ernster Miene zu mir und sagte: ,Wo ist Ihre Dame heute, Larry – und Paul Bargee ?' Und durch die Art und Weise, wie er es sagte, wusste ich, was er vorhatte, und ich hätte ihn gerne gedrosselt, und dann habe ich auch gewonnen Ich ging nach Hause, ohne mich umzuziehen, die Leute starrten mich an, rannte die Treppe hinauf, riss die Tür auf, blieb stehen und rief: „Fanny Montrose!"

Bargee durchgebrannt war .

III

„Ich wartete die ganze Nacht, ohne etwas zu essen oder mich zu bewegen, und lauschte auf ihre Schritte auf der Treppe. Und am Morgen kam der Postbote ohne ein paar Zeilen oder ein Wort für mich. Ich konnte es nicht verstehen, denn ich war ihr ein guter Ehemann gewesen, und obwohl ich über alles nachdachte, was seit unserer Hochzeit passiert war, fiel mir nichts ein, was ich getan hatte, um sie zu verletzen – denn ich dachte damals nicht an die Millionen von Paul Bargee .

„Am Nachmittag kam ein kleiner, schmieriger Anwalt hereingeschlurft, um mich zu sehen. Hinter seiner schwarz umrandeten Brille blinzelte er mit kleinen Augen – ein echter Frosch.

„‚Wer bist du?‘, fragte ich. „Und was machst du hier?‘

„‚Ich bin nur ein Anwalt‘, sagte er und zuckte vor meinem Blick zusammen. ‚Solomon Scholl, mit einer sehr unangenehmen Aufgabe betraut‘, sagte er.

„‚Kommst du von ihr?‘, sagte ich und mir stockte der Atem.

„‚Ich komme von Mr. Paul Bargee ‘, sagte er, ‚und ich möchte Sie daran erinnern, Mr. Moore, dass ich als Anwalt in unangenehmer Aufgabe komme.‘

„Da zog ich mich zurück, sah ihn erstaunt an und sagte: ‚Was hat er mir zu sagen?‘

„‚Mein Mandant‘, sagte er und ließ die Worte mit der Zungenspitze hin und her wandern, „bedauert zutiefst –‘

„‚Verschwende keine Worte!‘, sagte ich wütend. ‚Warum bist du hier?‘

„‚Mein Klient‘, sagte er und blickte mich von der Seite an, ‚ermächtigt mich, Ihnen fünfzehntausend Dollar anzubieten, wenn Sie versprechen, in dieser Angelegenheit keine Schwierigkeiten zu machen.‘

„Ich setzte mich wie auf einen Haufen hin; denn ich kannte damals nicht die Sitten eines Gentlemans, Bob, und bedeckte mein Gesicht mit dem Grauen, das ich vor der Demütigung hatte, die er mir zugefügt hatte. Der Anwalt, er hat es falsch verstanden, für ihn schlich sich leise heran und flüsterte mir ins Ohr:

„‚Das ist es, was er anbietet – wenn Sie dumm genug sind, es anzunehmen; aber wenn Sie bei mir bleiben, können wir ihm das Zehnfache abringen.‘

„Ich stand auf, nahm ihn und warf ihn aus dem Zimmer und die Treppe hinunter, denn er war ein kleiner Mann, und ich wollte ihn nicht schlagen.‘

„Dann kam ich zurück und sagte mir: ‚Wenn es so ist, muss ich mir den bestmöglichen Rat holen.‘

„Und ich wusste, dass Joseph Gilday der Beste war. Also ging ich zu ihm, und als ich hereinkam, blieb ich stehen, denn ich sah, dass er verwirrt aussah, und ich sagte: ‚Ich stecke in Schwierigkeiten, Sir, und.‘ Mein Leben und das Leben anderer hängen davon ab, und ich bin zu Ihnen gekommen, damit Sie wissen, dass ich bezahlen kann. Dann setzte ich mich hin und erzählte ihm die Geschichte, jedes Wort, wie ich es Ihnen erzählt hatte, und als ich fertig war, sagte er leise:

„‚Was haben Sie vor, Herr Moore?‘

„‚Ich glaube, es wäre besser, wenn sie zurückkäme, Sir‘, sagte ich, ‚für sie und für das Kind. Deshalb dachte ich, das Beste wäre, ihr einen Brief zu schreiben und ihr das mitzuteilen; denn ich glaube, wenn Sie den richtigen Brief schreiben könnten, würde sie zurückkommen. Und ich möchte, dass Sie mir zeigen, wie man das schreibt‘, sagte ich.

„Er nahm ein Blatt Papier und einen Stift, sah mich fest an und sagte: ‚Was würden Sie ihr sagen?‘

„ Also zog ich meine Hände unter mein Kinn, dachte eine Weile nach und sagte: ‚Ich glaube, ich würde so etwas sagen, Sir:

„‚Meine liebe Frau – ich habe die ganze Zeit darüber nachgedacht, was Sie vertrieben hat, und ich verstehe es nicht. Ich liebe dich, Fanny Montrose, und ich möchte, dass du zu mir zurückkommst. Und wenn Sie Angst haben zu kommen, möchte ich Ihnen sagen, dass mir zu diesem Thema kein Wort über die Lippen kommen wird; denn ich habe nicht vergessen, dass du es warst, der aus mir einen Mann gemacht hat; und so sehr ich es auch versuche, ich kann dich nicht hassen, Fanny Montrose.

„Er schaute nach unten und schrieb eine Minute lang, dann reichte er mir das Papier und sagte: ‚Schick das.‘

„Ich schaute und sah, dass es das war, was ich ihm gesagt hatte, und ich sagte zweifelnd: ‚Glauben Sie, dass das das Beste ist?‘

"'Ich tue.'

„ Also schickte ich den Brief ab, wie er sagte, und drei Tage später kam ein Brief von einem Anwalt, in dem er sagte, meine Frau dürfe nicht mit mir kommunizieren und ich würde ihm schicken, was ich zu sagen hätte.

„ Also ging ich zu Gilday und erzählte es ihm. Ich sagte: ‚Wir müssen uns andere Dinge überlegen, Sir, da sie Luxus und solche Dinge lieber mag. Ich fange nämlich an zu glauben, dass es das ist – und da bin ich ein bisschen schuld, denn ich habe sie dazu ermutigt. Nun, sie wird ihn heiraten müssen – das ist alles, was ich tun kann", sagte ich und saß ganz still da.

„Er wird sie nicht heiraten", sagte er in seiner schnellen Art.

„Ich dachte, er meinte, weil sie an mich gebunden war, also sagte ich: ‚Natürlich, nach der Scheidung.'

„„Wirst du dich dann von ihr scheiden lassen?'

„„Ich habe darüber nachgedacht', sagte ich vorsichtig, und das hatte ich auch getan, ‚und ich denke, der beste Weg wäre, dass sie es bekommt. Das ist machbar, nicht wahr?' Ich sagte: „Weil ich an das Kind gedacht habe und nicht möchte, dass es mit irgendeinem Makel auf dem guten Namen seiner Mutter aufwächst", sagte ich.

„„Dann gibst du das Kind auf?' er sagte.

„Und ich sagte: ‚Ja.'

„„Wird er sie heiraten?' sagte er noch einmal.

„„Warum sonst hat er sie mitgenommen?'

„„Wenn ich du wäre', sagte er und sah mich eindringlich an, ‚würde ich dafür sorgen – vorher.'

„Das hat mich sehr beunruhigt, und ich bin rausgegangen und herumgelaufen, und dann bin ich zum Bahnhof gegangen, habe ein Ticket nach Chicago gekauft und habe mir gesagt: ‚Ich werde ihn besuchen'; bis dahin Ich hatte beschlossen, was ich tun würde.

„Und als ich am nächsten Morgen dort ankam, ging ich direkt zu seinem Haus, und mein Herz sank, denn es war ein großartiger Ort mit einem hohen Eisengeländer rundherum und einem Lakaien an der Tür – und ich begann zu verstehen, warum Fanny Montrose hatte mich für ihn verlassen.

„Ich hatte lange darüber nachgedacht, einen anderen Namen zu nennen, aber ich sagte mir: ‚Nein, ich gebe ihm zuerst die Chance, herabzukommen und sich mir wie ein Mann zu stellen', also sagte ich zum Lakaien: ‚Geh und erzähl es.' Paul Bargee , dass Larry Moore gekommen ist, um ihn zu besuchen.'

„Dann ging ich den Flur entlang und in das große Wohnzimmer, das ganz mit Vorhängen behangen war, und ich betrachtete mich im Spiegel und die Stühle, und mir war nicht danach, mich hinzusetzen, und plötzlich öffneten sich die Vorhänge, und Paul Bargee trat ins Zimmer. Ich sah ihn einmal an, und dann sah ich auf den Boden, und mir wurde schwer der Atem. Dann trat er auf mich zu, blieb stehen und sagte:

"'Also?'

„Und obwohl er mir Unrecht getan und mein Leben ruiniert hatte, konnte ich nicht umhin, seine Courage zu bewundern; denn der Junge war mir nicht gewachsen und er wusste das auch, obwohl er nie mit der Wimper zuckte.

„Ich bin aus New York hierhergekommen, um mit Ihnen zu sprechen, Paul Bargee ", sagte ich.

„„Sie haben ein Recht darauf.'

„„Das habe ich', sagte ich, ‚und ich möchte mich jetzt mit Ihnen verständigen, wenn Sie Zeit haben, Sir', sagte ich und schaute wieder auf den Boden.

„Er zog sich zurück, und als er mich so leise reden hörte, verwechselte er mich wie andere zuvor, und er sah mich eindringlich an und sagte: ‚Na, wie viel?'

„Mein Kopf hob sich und ich schritt auf ihn zu; aber er zuckte nie zusammen – wenn er es getan hätte, hätte ich ihn wohl auf der Stelle erwischt und ihm gedient, so wie ich es mit Bill Coogan getan habe. Aber ich blieb stehen und sagte: ‚Das ist das.' Der zweite Fehler, den Sie gemacht haben, Paul Bargee , war, als Sie einen schmutzigen kleinen Anwalt geschickt haben, um mich dafür zu bezahlen, dass ich meine Frau mitgenommen habe mein Anblick; und was sagst du, warum ich dir nicht dasselbe antun sollte, Paul Bargee ?'

„Er sah blass aus und war in seinem Stolz verletzt und sagte: ‚Sie haben Recht; und ich bitte um Verzeihung, Mr. Moore.'

„„Ich will deine Verzeihung nicht', sagte ich, ‚und ich werde mich nicht in deinem Haus niedersetzen, und wir werden nicht darüber diskutieren, was passiert ist, sondern darüber, was kommen wird. Denn du hast großes Unrecht getan „Und ich habe das Recht zu sagen, was Sie jetzt tun sollen, Paul Bargee ."

„Er sah mich an und sagte langsam: ‚Was ist das?'

„„Du hast meine Frau genommen, und ich habe ihr die Chance gegeben, zu mir zurückzukommen', sagte ich; ‚aber sie hat dich und alles, was du geben kannst, mehr geliebt als mich. Aber sie war meine Frau, und das werde ich nicht tun.' Sieh, wie sie in die Gosse hinabsteigt.'

„Er begann zu sprechen; aber ich hob meine Hand und sagte: ‚Ich bin nicht hier, um mit Ihnen zu diskutieren, Paul Bargee . Ich bin gekommen, um zu sagen, was getan werden wird; denn ich habe ein Kind', sagte ich sagte: „Und ich habe nicht vor, dass die Mutter meines kleinen Mädchens in die Gosse geht. Du hast dich entschieden, meine Frau zu nehmen, und sie hat sich entschieden, bei dir zu bleiben." „Mach sie zu einer guten Frau", sagte ich.

„Dann trat Paul Bargee zurück und ich sah, was ihm durch den Kopf ging. Und ich ging zu ihm, legte meine Hand auf seine Schulter und sagte: ‚Du weißt, was ich meine, und du weißt, was für ein Mann ich bin.' „Ich rede so mit dir; denn du bist kein Feigling", sagte ich, „aber du heiratest Fanny Montrose innerhalb einer Woche, nachdem sie ihre Freiheit erlangt hat, oder ich werde dich töten, wo immer du stehst." „ Muss machen, Paul Bargee ", sagte ich.

„Dann trat ich zurück und beobachtete ihn, und während ich das tat, sah ich, wie sich die Vorhänge bewegten und wusste, dass Fanny Montrose mich gehört hatte.

„‚Du wirst ihr die Scheidung ermöglichen?' er sagte.

„‚Das bin ich. Ich habe nicht vor, dass ihr Name einen Makel bekommt', sagte ich; ‚denn ich habe Fanny Montrose geliebt, und sie ist immer die Mutter meines kleinen Mädchens.'

„Dann ging er zu einem Stuhl, setzte sich und nahm seinen Kopf in die Hände, und ich ging hinaus.

IV

„Ich kam nach New York zurück und ging zu Mr. Gilday.

„Wird er sie heiraten?", sagte er sofort.

„„Er wird sie heiraten', sagte ich. ,Was sie betrifft, möchte ich, dass Sie mir sagen, dass ich ihr nicht selbst schreiben werde, da sie mir nicht antworten würde. Sagen Sie, wenn sie Paul Bargees Frau ist, werde ich ihr das Kind persönlich bringen und sie soll mich sehen, denn dann habe ich ein Wort mit ihr zu sprechen', sagte ich und legte meine Faust auf den Tisch. ,Bis dahin bleibt das Kind bei mir.'

„Sie haben harte Dinge über Mr. Joseph Gilday gesagt, und ich weiß es; aber ich weiß auch, was er alles für mich getan hat. Denn er hat es nicht einem Angestellten übergeben, sondern er hat es selbst in die Hand genommen und es durchgezogen, wie ich gesagt hatte. Und als die Scheidung ausgesprochen wurde , rief er mich zu sich und sagte mir, dass Fanny Montrose eine freie Frau sei und vor dem Gesetz kein Makel gegen sie liege.

„Dann sagte ich: ,Es ist gut. Schreiben Sie jetzt Paul Bargee , dass seine Woche begonnen hat. Bis dahin behalte ich das Kind, ob es nun Gesetz ist oder nicht.' Dann stand ich auf und sagte: ,Ich danke Ihnen, Mr. Gilday. Sie waren sehr freundlich und ich möchte Ihnen gerne bezahlen, was ich Ihnen schulde.'

„Er saß einen Moment da, kaute auf seinem Schnurrbart und sagte: ,Du schuldest mir keinen Cent.'

„„Es war keine Wohltätigkeit, wegen der ich zu Ihnen gekommen bin, und ich kann bezahlen, was ich bekomme, Mr. Gilday', sagte ich. ,Geben Sie mir Ihre normale Rechnung?', sagte ich .

„Und schließlich sagte er: ,Das werde ich.'

„Mitte der Woche kam Paul Bargees Mutter zu mir, fiel auf die Knie und flehte um ihren Sohn, und ich sagte zu ihr: ,Warum sollte es ein Gesetz für ihn und ein Gesetz für Leute wie mich geben? Er hat mir meine Frau genommen, aber er wird sie nicht beschämen, Ma'am, und er wird keinen Schatten auf das Leben meines Kindes werfen!'

„Dann hörte sie auf zu streiten, ergriff meine Hände und rief: ,Aber Sie werden ihn nicht töten, Sie werden meinen Sohn nicht töten, wenn er es nicht tut ?'

„‚So sicher der Samstag kommt, Ma'am, und er hat Fanny Montrose nicht zu einer guten Frau gemacht‘, sagte ich, ‚ich werde Paul Bargee töten , wo auch immer er steht.‘

„Und am Freitagmorgen rief mich Mr. Gilday in sein Büro und sagte mir, dass Paul Bargee getan hatte, was ich gesagt hatte. Und ich drückte seine Hand und sagte nichts, und er ließ mich eine Weile in seinem Büro sitzen.“

„Und nach einer Weile stand ich auf und sagte: ‚Dann muss ich das Kind heute Abend zu ihr bringen, wie ich es versprochen habe.‘

„Er ging mit mir aus dem Büro und sagte: ‚Geh nach Hause zu deinem kleinen Mädchen. Ich kümmere mich um die Tickets und werde dich um neun Uhr abholen.‘

„Und um neun Uhr kam er in seinem großen Wagen und brachte mich und das Kind zum Bahnhof und sagte: ‚Gib mir ein Telegramm, wenn du morgen abreist.‘

„Und ich sagte: ‚Das werde ich.‘

„Dann ging ich mit meinem schlafenden kleinen Mädchen im Arm ins Auto und setzte mich auf den Sitz, und der Gepäckträger kam und sagte:

„‚Kann ich Ihre Liegeplätze nachholen?‘

„Und ich schaute das Kind an und schüttelte den Kopf. So hielt ich es die ganze Nacht und sie schlief auf meiner Schulter, während ich von ihr in die Dunkelheit hinausschaute und aus der Dunkelheit wieder zu ihr zurück. Und der Träger ging immer wieder vorbei und ging vorbei und starrte mich und das Kind an.

„Und am Morgen gingen wir hinauf zum großen Haus und in den großen Salon, und Fanny Montrose kam herein, wie ich es ihr gesagt hatte, sehr weiß und ohne mich anzusehen. Und das Kind rannte zu ihr, und ich beobachtete Fanny Montrose fasste sie an ihre Brust und ich schluchzte. Und sie sah mich an und sah es .

„‚Das liegt daran, dass ich jetzt weiß, dass du das Kind liebst und freundlich zu ihm sein wirst.‘

„Dann fiel sie vor mir zu Boden und versuchte, meine Hand zu ergreifen. Aber ich trat zurück und sagte:

werde ich, solange ich lebe, zusehen, wie du nichts tust, um mein Kind zu blamieren.‘

"Und ich ging hinaus und nahm den Zug zurück. Und Mr. Gilday wartete am Bahnhof auf mich, und er nahm wortlos meinen Arm, führte mich zu seinem Wagen und fuhr wortlos vor. Und als wir das Haus erreichten, stieg

er aus, nahm seinen Hut ab, verbeugte sich vor mir und sagte: 'Ich bin stolz,
Sie zu kennen, Larry Moore.'"

DIE HOCHZEITSGESCHENKE MEINER FRAU

Ich halte nichts von Hochzeitsfeiern. Ich halte nichts von Flitterwochen und ganz besonders verabscheue ich den unmenschlichen Brauch, Hochzeitsgeschenke zu machen. Und das ist der Grund:

Clara war die fünfte arme Tochter eines reichen Mannes. Ich war anständig arm, aber künstlerisch begabt. Wir hatten der Ehe als einer Zeit entgegengesehen, in der sich zwei Menschen ein Heim aussuchen und es mit Möbeln ihrer Wahl schmücken, glücklich im täglichen Umgang mit schönen Dingen. Wir hatten oft über unser zukünftiges Heim gesprochen. Wir wussten genau, welche Bilder an den Wänden hängen mussten, in welchem Farbton die Teppiche auf dem Boden liegen sollten, in welchem Stil die Möbel in den Zimmern stehen sollten, welches Muster das Silber haben sollte, das unseren Tisch schmücken sollte. Unsere Vorstellungen waren klar und positiv.

Unglücklicherweise hatte Clara acht reiche Verwandte, die mich mochten, und ich hatte drei unverheiratete Tanten, von denen sich zwei in einer angeschlagenen Gesundheit befanden und die man finanziell nicht beleidigen durfte.

Ich bin eher ein herrischer Mann mit der Theorie, dass eine Frau am glücklichsten ist, wenn sie einen Herrn findet; Doch als die Einzelheiten der Hochzeit zur Entscheidung kamen , war ich erstaunt, dass ich nicht nur missachtet, sondern tatsächlich zu einer demütigenden Kapitulation gezwungen wurde. Seitdem habe ich gelernt, dass mein eigener Fall keine offensichtliche Ausnahme war . Zu diesem Zeitpunkt war ich jedoch ratlos und in meinen Zukunftsträumen ziemlich verstört. Ich hatte mich für eine Haushochzeit mit nur der Familie und ein paar engen Freunden entschieden, um mein Glück zu erleben. Nachdem Clara mir die Ehre erwiesen hatte, mich zu konsultieren, wurden mehrere tausend Karten für die Zeremonie in der Kirche verschickt und mit einem Anbau auf der vorderen Veranda begonnen.

Clara selbst führte mich in die Bibliothek und analysierte die Situation für mich auf tiefgründige Weise.

„Du liebe, alte, undurchführbare Gans", sagte sie mit der Weisheit von gerade einmal zwanzig, „was weißt du über solche Dinge? Was schätzt du, wie viel es uns kosten wird, ein Haus so einzurichten, wie wir es wollen?"

Ich sagte leichthin: „Oh, ungefähr fünfhundert Dollar."

„Nimm deinen Bleistift heraus", sagte Clara verächtlich, „und schreibe."

Als sie ihr Diktat beendet hatte und ich stöhnend die Punkte zusammengezählt hatte, war ich sprachlos. Ich sagte:

„Clara, hältst du es für klug – denkst du, dass wir überhaupt ein Recht haben zu heiraten?"

„ Natürlich haben wir das."

„Dann müssen wir uns zum Einsteigen entschließen."

„Unsinn! Wir werden alles so haben, wie wir es geplant haben."

"Aber wie?"

„Hochzeitsgeschenke", sagte Clara triumphierend, „verstehst du jetzt, warum es eine kirchliche Hochzeit sein muss?"

Ich begann zu sehen.

Macht das jeder ?"

„Jedermann. Es ist eine Art Steuer für Unverheiratete", sagte Clara mit einem entschlossenen Kopfschütteln. „Und das ist auch ganz richtig so."

„Dann wird von jedem , der eine Einladung erhält, erwartet, dass er zu unserem zukünftigen Wohlergehen beiträgt?"

„Eine Einladung ins Haus."

„Also, zum Haus – dann?"

"Sicherlich."

„Ah, meine Liebe, jetzt fange ich an zu verstehen, warum die Geschenke immer gezeigt werden."

Als Antwort streckte Clara allen das Blatt Papier entgegen, auf dem wir unsere Berechnungen gemacht hatten.

Ich habe kapituliert.

II

Ich übergehe die Hochzeit. Theoretisch bin ich immer mehr gegen solche Zurschaustellungen eingestellt. Eine Hochzeit ist erbärmlicher als eine Beerdigung, und nichts ist vielleicht unangebrachter als der Jubel der Gäste. Wenn ein Mann und eine Frau als Ehemann und Ehefrau fünf Jahre zusammen gelebt haben, sollte die Gemeinde eine Band engagieren und ihnen ein Ständchen bringen, aber am Anfang – ich werde jedoch nicht darauf bestehen – bin ich zweifellos zynisch veranlagt. Ich komme zu dem Moment, als meine Frau und ich, nachdem wir die Fallstricke der Flitterwochen erfolgreich überstanden hatten (es gibt noch eine andere falsche Theorie – aber lassen wir die beiseite), uns endlich in unserem eigenen Zuhause befanden, inmitten unserer Hochzeitsgeschenke. Ich sage mittendrin, und das ist ratsam. Clara saß hilflos mitten auf dem Wohnzimmerteppich und ich starrte finster vom Kamin aus.

„Meine liebe Clara", sagte ich mit einem Anflug von Schroffheit, „du hast die Hochzeit gut gemeistert. Jetzt hast du deine Hochzeitsgeschenke. Was wirst du damit machen?"

„Wenn die Leute nur nicht Dinge kennzeichnen würden!" sagte Clara irrelevant.

„Aber das tun sie immer", antwortete ich. „ Außerdem wage ich zu behaupten, dass Ihre Antwort das Problem nicht löst."

„Sei nicht böse", sagte Clara.

„Meine Liebe", antwortete ich mit ausgezeichneter guter Laune, „das bin ich nicht. Ich bin nur amüsiert – wer wäre das nicht?"

„Sei nicht schrecklich, George", sagte Clara.

„Es *ist* herrlich komisch", fuhr ich fort. „Das ist wirklich das Komischste, was ich je erlebt habe. Ich bin weder böse noch gemein; ich habe eine tiefgreifende Entdeckung gemacht. Ich weiß jetzt, warum so viele amerikanische Ehen nicht glücklich sind."

„Warum, George?"

„Hochzeitsgeschenke", sagte ich grimmig, „genau das, meine Liebe. Das ist, gezwungen zu sein, jahrelang verheiratet zu sein und von Dingen umgeben zu sein, die man nicht will, die man nie wollen wird, und mit denen man leben muss, oder man verliert seine Freunde."

„Oh, George!", sagte Clara und blickte hilflos um sich, „es ist schrecklich, nicht wahr?"

„Schauen Sie sich den Teppich an, auf dem Sie sitzen", sagte ich und blickte wütend auf einen modernen französischen Import von etwa 180 x 100 cm. „Blumenkohl, der mit Einhörnern konkurriert, umgeben von einem Rand aus grünen Rosen und orangefarbenen Veilchen – teuer! Und bis die Lampe explodiert oder die Rohre platzen, müssen wir immer weiter darüber leben, und warum? – denn die liebe Isabel wird es tun. " Sei einmal in der Woche hier!

„Ich dachte, Isabel hätte einen besseren Geschmack", sagte Clara.

„Sie hat – Isabel hat einen perfekten Geschmack, darauf können Sie sich verlassen", sagte ich, „sie hat es mit Absicht getan!"

"George!"

„Genau das. Ist Ihnen aufgefallen, dass verheiratete Menschen die unmöglichsten Geschenke machen? Es ist Rache, meine Liebe. Die Gesellschaft hat sie ausgenutzt. Sie werden die Gesellschaft ausnutzen. Warten Sie, bis wir eine Chance bekommen!"

„Es ist furchtbar!", sagte Clara.

„Lassen Sie uns fortfahren. Wir haben fünf französische Teppiche; keine zwei könnten zusammenleben. Fünf entweihte Räume. Unser Salon ist im Jugendstil eingerichtet, eingerichtet von Ihrem Onkel James, der stark und gesund ist und zwanzig Jahre alt werden könnte. Ich verabscheue insbesondere Jugendstilmöbel."

"Ich auch."

„Unser Speisesaal ist eindeutig Grand Rapids."

„Jetzt, George!"

"Es ist."

„Nun, es war deine Tante Susan."

„Das war es, aber wer hat das vorgeschlagen? Ich übergehe die Schlafzimmer. Ich sage einfach, dass es Albträume sind. Teure Albträume! Ich komme zu den Lampen – wie viele haben wir?"

"Vierzehn."

„Vierzehn Gräueltaten, Louis-Seize-Imitat, falscher Orientale, mit Federn, Schnürsenkeln und Quasten. Soviel zu nützlichen Geschenken. Jetzt zur Dekoration. Wir haben drei Sixtinische Madonnen (meine besondere Abscheulichkeit). Zwei, Gott sei Dank, können wir den nächsten Opfern zufügen." , mit dem wir leben müssen und warum? – damit jeder unserer drei engen Freunde es für sein eigenes hält. Wir haben Aquarelle und

Radierungen, die wir nicht wollen, und eine Fotokopie von jedem Bild, das jeder sieht In jedem Haus hat uns ein origineller Freund sogar eine lebensgroße Marmorreproduktion der Venus von Milo geschickt. Dann gibt es Vasen.

„Jetzt verlierst du die Beherrschung.“

„Im Gegenteil, ich behalte es mir vor. Ich werde den Schnickschnack nicht charakterisieren , das war zu erwarten.“

"Nicht!"

„Zumindest ist das nicht markiert. Ich komme endlich zum Silber. Gib mir die Liste.“

Clara seufzte und verlängerte es.

„Vier Schildkrötenschalen aus massivem Silber.“

"Markiert."

„Markiert – Terrapin – ha! ha! Zwei riesige, teure Champagnerkühler aus massivem Silber.“

"Markiert."

„Markiert, mein Lieber – für jedes Ende des Tisches, wenn wir unsere Beefsteak-Dinner geben. Mandelgerichte.“

"Nicht!"

„Zweiundvierzig einzelne, feste oder filigrane Mandelgerichte; zweiundvierzig, Clara.“

"Markiert."

"Genau so, Liebes. Ein Dutzend Bonbonschalen, fünf neureiche Zuckerstreuer (die wir nie benutzen), drei Muffinformen – um Himmels willen, was ist das? Brotschalen aus massivem Silber, Dutzende massiver silberner Kerzenleuchter, Gemüseschalen aus massivem Silber, und wir erwarten eine Dienerin und eine zeitweise anwesende Wäscherin, die außerdem kochen, waschen, die Betten machen und das Haus putzen."

„Alles markiert“, sagte Clara traurig.

„Jeder einzelne, meine Liebe. Und dann das Porzellan und die Teller. Wir können nicht einmal von den Tellern essen, von denen wir wollen, oder aus den Gläsern trinken, von denen wir wollen. Alles in diesem Haus, von oben bis unten, wurde uns gegen unsere Wünsche und unseren Geschmack herausgepickt und aufgezwungen, und wir – wir müssen weiter mit ihnen leben und versuchen, nicht zu streiten!“

„Du hast das Schlimmste vergessen“, sagte Clara.

„Nein, mein Schatz, ich habe es nicht vergessen. Ich habe an nichts anderes gedacht, aber ich wollte, dass du es erwähnst.“

„Das flache Silber, George.“

„Das flache Silber, mein Liebling. Zwölf Dutzend, massives Silber und dazu passendes Teeservice , ohne Rücksprache mit uns von deinen beiden reichen Junggesellen-Onkeln in Absprache gekauft. Wir wollten Queen Anne oder Louis Seize, einfach, würdevoll, etwas, mit dem man leben und wachsen kann.“ gern, und was haben wir bekommen?

„Oh mein Gott, sie hätten mich vielleicht fragen wollen!“

„Aber das tun sie nicht, das tun sie nie, das ist die Theorie von Hochzeitsgeschenken, meine Liebe. Wir haben das Teichlilien-Muster, repoussiert, bis es einem die Finger kratzt. Teichlilien-Muster, meine Liebe, das ich verabscheue, verabscheue und verabscheue.“ !"

„Ich auch, George.“

„Und das, meine Liebe, werden wir niemals loswerden; wir müssen die Verantwortung nicht nur annehmen und übernehmen, sondern sie an unsere Kinder und Kindeskinder weitergeben.“

„Oh, George, es ist schrecklich – schrecklich! Was sollen wir tun?“

„Meine liebe Clara, wir werden jeden Tag ein Stück Schnickschnack auf den Newel-Posten legen, einen Wurf Welpen kaufen, um die Teppiche zu zerkauen, eine butterfingerige, porzellanzerschlagende Kellnerin auswählen und für die Lagerung bezahlen das Silber und versuchen Sie gelegentlich, die Möbel in Brand zu setzen.“

„Aber das flache Silber, George, was ist damit?“

„Oh, das flache Silber“, sagte ich düster, „jeder hat sein Kreuz zu tragen, das soll unser sein.“

III

Wir waren, wie bereits angedeutet, ein relativ reiches Paar. Das ist ein Wortspiel! Nach fünf Jahren hinterließ uns ein Verwandter auf beiden Seiten eine anmutige Erinnerung. Das Problem des Lebens wurde nur noch ein Problem des Grades. Am Ende dieser Zeit hatten wir beträchtliche Fortschritte beim Aufbau eines Heims gemacht, das tatsächlich und nach Wunsch ganz uns gehören sollte. Das heißt, wir hatten großes Glück, was die Erhaltung unserer Hochzeitsgeschenke angeht. Unser zweiundzwanzigstes Hausmädchen zerbrach ein Tintenfass über dem Wohnzimmerteppich, ihre einundzwanzig Vorgängerinnen (die ich besonders ausgewählt hatte) hatten bereits die erfreulichsten Fortschritte bei dem Krimskrams gemacht , zwei intelligente Airdale- Welpen hatten zufriedenstellende Löcher in die Jugendstilmöbel gekaut, sogar die Sixtinische Madonna hatte sich von ihren Halterungen losgerissen und die mit Juwelen besetzte orientalische Lampe bei dem allgemeinen Zusammenstoß rücksichtsvoll zerstört .

Unser kleines Heim begann endlich, etwas von dem künstlerischen Geschmack widerzuspiegeln, auf den ich stolz bin. Schließlich blieben nur das flache Silber und ein paar tausend Dollar teure Behälter aus massivem Silber übrig, für die wir inzwischen vierhundert Dollar Lagerkosten bezahlt hatten. Aber diese blieben, sicher und uneinnehmbar gegenüber den Angriffen der Vorstellungskraft.

Eines Morgens stellte ich am Frühstückstisch krachend meine Tasse ab.

Clara stieß einen alarmierten Schrei aus.

„George, Liebling, was ist los?"

Als Antwort ergriff ich eine Handvoll des Silbers mit dem Teichrosenmuster und betrachtete es mit wilder Freude.

„George, George, was ist passiert?"

„Meine Liebe, ich habe eine Idee – eine wunderbare Idee."

"Welche Idee?"

„Wir werden den Sommer in Lone Tree, New Jersey verbringen."

Clara schrie.

„Bist du bei Sinnen, George?"

„Niemals mehr."

"Aber es ist brütend heiß!"

„Heißer als das.“

"Es wimmelt nur so von Mücken."

" Dort *gibt es* mehrere Mücken."

"Es ist ein Loch im Boden!"

"Es ist sicherlich."

„Und die einzigen Leute, die wir dort kennen, sind die Jimmy Lakes, die ich verabscheue.“

„Ich kann sie nicht ertragen.“

"Und, George, es gibt *Einbrecher*!"

„Ja, meine Liebe“, sagte ich triumphierend, „Gott sei Dank, es *gibt* Einbrecher!“

Clara sah mich an. Sie ist sehr schnell.

„Du denkst an das Silber.“

"Von all dem Silber."

„Aber, George, können wir es uns leisten?“

"Was leisten?"

"Das Silber stehlen zu lassen."

„Angenommen, es gäbe eine Einbruchsversicherung, als Belohnung.“

Im nächsten Moment lag Clara lachend in meinen Armen.

„Oh, George, Sie sind ein wunderbarer, brillanter Mann: Wie sind Sie nur darauf gekommen?“

„Ich habe mich einfach darauf konzentriert“, sagte ich hochmütig.

IV

Wir fuhren nach Lone Tree, New Jersey. Wir gingen früh dorthin, um den wandernden Frühlingseinbrecher zu treffen. Wir holten zwei Truhen und drei Fässer mit Hochzeitsgeschenken aus massivem Silber aus dem Lager, schlossen eine Einbruchversicherung über dreitausend Dollar ab und begannen mit der Dekoration des Esszimmers und des Salons.

„Es sieht eher aus – eher nach Neureichem", sagte Clara und betrachtete das Ergebnis.

„Meine Liebe, sagen Sie das Wort – es ist vulgär. Aber was ist damit? Wir sind aus einem bestimmten Grund hierher gekommen und lassen uns nicht davon abhalten. Unser Ziel ist es, den Herren, die uns um unser Silber befreien, jede Erleichterung zu bieten. Nichts verdeckt, nichts am Boden verschraubt."

„Ich denke", sagte Clara, „dass die Champagnerkühler unnötig sind."

Die Champagnerkühler aus massivem Silber schmückten beide Seiten des Kamins.

„Als Behälter für Topffarne sind sie allerdings nicht gerade geschmackvoll", gab ich zu. „Wir könnten sie in der Diele für Regenschirme und Spazierstöcke stehen lassen. Aber dann könnten sie übersehen werden, und wir dürfen kein Risiko mit einem unvorsichtigen Einbrecher eingehen."

Clara setzte sich und begann zu lachen, was, wie ich zugeben muss, ganz natürlich war. Massive silberne Brotteller mit Duftwicken, einzelne Mandelteller mit Streichhölzern, silberne Körbe für Zigarren und Zigaretten füllten den Raum, und von jedem Sims und Tisch ragten silberne Kerzenleuchter. Im Esszimmer war es noch schlimmer – aber massive silberne Teller und Muffinformen, ganz zu schweigen von den zwei Dutzend Mandeltellern, die aus dem Salon übrig geblieben waren, sind keine angemessene Dekoration.

„Ich bin sicher, dass die Einbrecher niemals kommen werden", sagte Clara wie eine Frau.

„Wenn es irgendetwas gibt, das sie fernhält", sagte ich ein wenig provoziert, „dann ist es nur diese Geisteshaltung."

„Nun, ich hoffe auf jeden Fall, dass sie sich beeilen, damit wir diesen schrecklichen Ort verlassen können."

„Sie werden nie kommen, wenn du sie beobachtest", sagte ich wütend.

Darüber hatten wir einen ziemlichen Streit.

Der Monat Juni verging und wir blieben immer noch im Besitz unseres Hochzeitssilbers. Clara war offenkundig entmutigt, und obwohl ich immer noch an meinem Glauben festhielt, war ich im Grunde ängstlich und ungeduldig. Als der Juli fruchtlos verging, war sogar unser Sinn für Humor ernsthaft gefährdet.

„Sie werden nie kommen", sagte Clara bestimmt.

„Meine Liebe", antwortete ich, „das letzte Mal kamen sie im Juli. Ein Grund mehr, dass sie auf August umstellen sollten."

„Sie werden nie kommen", sagte Clara ein zweites Mal.

„Lass uns den Haken anziehen", sagte ich und versuchte, das Thema in eine scherzhafte Ader zu verwandeln. „Vielleicht streuen wir etwa ein Dutzend dieser einzelnen Gerichte auf dem Weg zur Straße."

„Sie werden nie kommen", sagte Clara hartnäckig.

Und doch kamen sie.

Am zweiten August, gegen zwei Uhr morgens, wurde ich durch die Stimme meiner Frau aus dem tiefen Schlaf geweckt, die rief:

„George, hier ist ein Einbrecher!"

Ich fand den Witz offensichtlich und unpassend und sagte es schläfrig.

„Aber, lieber George, er ist hier – im Zimmer!"

In der Stimme meiner Frau lag etwas, ein klingender Jubel, der mich im Bett aufrichtete.

„Hände hoch – schnell!", sagte eine abgehackte Stimme.

Tatsächlich stand dort am Fußende des Bettes endlich ein richtiger Einbrecher und ließ die herkömmliche Laterne aufblitzen.

"Leg ' sie hoch!"

Meine Hände streckten sich zum Himmel, um mir zu danken und meine Anerkennung auszudrücken.

„Mach was, du süßer Typ, oder ruf um Hilfe", fuhr die Stimme fort und hielt die Mündung eines Colt-Revolvers ins Licht, „und das hier ist für dich!"

Ich führte die abschätzige Anspielung auf den rosa-weißen Pyjama zurück, den ich trug – aber nichts hätte meine Gefühle in diesem Moment aus der Fassung bringen können. Ich sprudelte über vor Glück. Ich wollte aufspringen und ihn in die Arme schließen. Ich lauschte. Unten hörte man Schritte und gelegentlich ein metallisches Klingeln.

„Oh, George, ist es nicht zu wunderbar – wunderbar für Worte!" sagte Clara, hysterisch vor Freude.

„Ich kann es nicht glauben", rief ich.

"Den Mund halten!" sagte die Stimme hinter der Laterne.

„Mein lieber Freund", sagte ich versöhnlich, „es besteht nicht die geringste Notwendigkeit, dass du deinen Finger auf diesem wackeligen, kalten Ding belässt. Meine Gefühle für dich sind nur die zärtlichsten und dankbarsten."

„Huh!"

„Die Gefühle eines Bruders! Meine einzige Angst ist, dass Sie ein oder zwei Artikel übersehen, die, wie ich zugeben muss, nicht bequem veröffentlicht werden."

Der Volltreffer richtete sich mit einem plötzlichen Ruck auf mich.

„Nun, ich werde verdammt sein!"

„Wir haben lange und geduldig auf dich gewartet. Wir dachten, du würdest nie kommen. Eigentlich hatten wir irgendwie den Glauben an dich verloren. Es tut mir leid. Ich entschuldige mich. In gewisser Weise verdiene ich das nicht – wirklich nicht."

„Kloakhaus!", ertönte ein unterdrücktes Gemurmel vom Fußende des Bettes. „Ein durch und durch Kloakhaus!"

„Ganz falsch", sagte ich fröhlich. „Ich war noch nie gesünder. Sie sind überrascht, Sie verstehen es nicht. Das ist nicht nötig. Es würde der Situation ihren Humor nehmen, wenn Sie es täten. Alles, was ich von Ihnen verlange, ist, alles zu nehmen, keinen Ausrutscher zu machen, alles zu bekommen."

„Oh, das tue ich, bitte, bitte!", sagte Clara ernst.

Die Stille am Fußende des Bettes hatte die Kraft eines Ausrufs.

„Vor allem", fuhr ich besorgt fort, „vergessen Sie nicht die Töpfe. Sie stehen zu beiden Seiten des Kamins, gefüllt mit Farnen. Sie sind nicht aus Zinn. Es sind Champagnerkühler aus massivem Silber. Sie sind es wert – sie sind es wert –"

„Zweihundert pro Stück", sagte Clara sofort.

„Und vergessen Sie nicht die Muffinformen, die Schildkrötenschalen und die Kerzenleuchter. Wir wären Ihnen sehr verbunden – sehr dankbar, wenn Sie Platz dafür finden könnten."

Seitdem habe ich oft an diesen Einbrecher gedacht und daran, was er wohl empfunden hat. Damals war ich zu sehr mit meinen eigenen Gefühlen beschäftigt. Nie habe ich eine Situation mehr genossen. Es stimmt, ich bemerkte, als ich weiterging, dass sich unser Einbrecher langsam zur Tür hin bewegte und dabei die Laterne fest auf mein Gesicht richtete.

„Und noch einen Gefallen", fügte ich hinzu, „unten tummeln sich mehrere Schwärme einzelner silberner Mandelschalen –"

„Zweiundvierzig", sagte Clara, „vierundzwanzig im Esszimmer und achtzehn im Wohnzimmer."

„Zweiundvierzig ist die Zahl. Als letzten Gefallen finden Sie bitte Platz für sie. Wenn Sie nicht möchten, dass sie sie in einen Fluss werfen oder irgendwo begraben, würden wir uns wirklich darüber freuen. Es ist unsere letzte Chance."

„In Ordnung", sagte der Einbrecher in verändertem Ton. „Machen Sie sich jetzt keine Sorgen , wir kümmern uns darum."

„Denken Sie daran, es sind zweiundvierzig – wenn man sie zählen würde."

„Das ist in Ordnung – seien Sie einfach beruhigt", sagte der Einbrecher beruhigend. „Ich werde dafür sorgen, dass sie alle reinkommen."

„Wirklich, wenn ich Ihnen unten irgendwie behilflich sein könnte", sagte ich besorgt, „könnte das wirklich eine Hilfe sein."

„Oh, mach dir keine Sorgen, Bub, meine Kumpels sind wirklich vorsichtige Kerle ", sagte der Einbrecher nervös. „Jetzt bleib einfach ruhig. Wir kriegen sie alle."

Plötzlich wurde mir klar, dass er mich für verrückt hielt. Ich vergrub meinen Kopf unter der Decke und schwankte zwischen Tränen und Lachen hin und her.

„Hallo! Was zum Teufel ist da oben los?", rief eine Stimme von unten.

„Schon gut, schon gut, Bill", sagte unser Einbrecher heiser, „sehr nette Gesellschaft hier oben. Beeil dich doch mal ein bisschen da unten, ja?"

Auf einmal wurde mir klar, dass sie, wenn ich ihm wirklich zu viel Angst einjagte , vielleicht abhauen würden, ohne gründlich aufzuräumen. Ich wurde sofort ernst.

„Ich bin nicht verrückt", sagte ich.

„ Sicher nicht", sagte der Einbrecher versöhnlich.

„Aber ich versichere Ihnen –"

"Das ist in Ordnung."

„Ich bin vollkommen gesund.“

„Gesund wie ein Haus!“

„Es gibt nichts, wovor man Angst haben müsste.“

„Natürlich nicht. Hallo Bill, beeil dich doch mal!“

"Ich erkläre es-"

„Stört dich das nicht?“

„So ist es nun einmal –“

„Das ist in Ordnung, wir wissen alles darüber.“

"Du tust-"

„Klar, wir haben Ihren Brief bekommen.“

„Welcher Brief?“

„Dann Ihr Telegramm.“

„Sehen Sie, ich bin nicht verrückt –“

„Darauf können Sie wetten“, sagte der Einbrecher, schlich sich zur Tür und wechselte den Schlüssel.

„Halt!“, rief ich erschrocken. „Seien Sie kein Narr. Ich möchte, dass Sie alles bekommen – alles, hören Sie?“

„Na gut, ich gehe einfach runter und spreche mit ihm.“

"Halten-"

"Ich werde es ihm sagen."

„Warte“, rief ich und sprang in meinem Verlangen, ihn festzuhalten, aus dem Bett.

In diesem Moment ertönte von unten ein Pfiff und mit einem Ausruf der Erleichterung schlug unser Einbrecher die Tür zu und schloss sie ab. Wir hörten, wie er drei Stufen auf einmal hinunterging und aus dem Haus stürmte.

„Jetzt hast du sie verscheucht“, sagte Clara, „mit deinem idiotischen Humor.“

Ich fühlte mich zerknirscht und beunruhigt.

„Wie könnte ich helfen?“ Sagte ich wütend und bereitete mich darauf vor, auf das Dach der Veranda zu klettern. „Ich habe versucht, es ihm zu sagen.“

Damit kletterte ich auf das Dach, machte mich auf den Weg zum nächsten Raum und als ich eintrat, ließ ich Clara los. Am oberen Ende der Treppe standen wir aneinandergeklammert.

„Angenommen, sie hätten alles zurückgelassen", sagte Clara.

„Oder sogar welche!"

„Oh, George, ich weiß es – ich weiß es!"

„Sei nicht unvernünftig – lass uns runtergehen." Mit einer Kerze in die Höhe stiegen wir hinab. In der unteren Etage wurde das Silber entfernt – nicht einmal eine einzelne Mandelform oder ein Muffineform blieb übrig. Wir fielen uns wild und ausgelassen in die Arme und begannen zu tanzen. Ich weiß nicht genau, was es war, aber es dauerte keine Minute.

Plötzlich blieb Clara stehen.

"George!"

„Oh Herr, was ist das?"

„ Angenommen ."

"Gut gut?"

„ Angenommen , sie haben etwas davon auf den Weg fallen lassen."

Wir rannten los und suchten den Weg ab, aber da war nichts. Wir suchten die Straße ab – eine einzelne Mandelschale war heruntergefallen. Ich nahm sie, zertrümmerte sie bis zur Unkenntlichkeit und warf sie in den Teich. Es war ein Verbrechen, aber ich habe es getan.

Und dann gingen wir ins Haus und tanzten noch ein bisschen. Wir waren glücklich.

Natürlich schlugen wir Alarm – nachdem wir genügend Zeit hatten, uns sorgfältig anzuziehen und die Laterne mit Öl zu füllen. Auch andere Häuser waren vor unserem Besuch ausgeraubt worden, aber da sie von älteren Bewohnern bewohnt waren, waren die Bewohner nach der Herausgabe ihres Kleingelds wieder lässig eingeschlafen. Unsere Heldentat war eine echte Sensation. Mit großer Mühe nahmen wir die angemessene öffentliche Haltung des Schocks und der Verzweiflung ein. Am nächsten Tag schrieb ich der Versicherungsgesellschaft alle Einzelheiten und verlangte die Entschädigung.

„Du wirst nie den vollen Betrag bekommen", sagte Clara.

"Warum nicht?"

„Das tut man nie. Sie schicken einen Mann, der uns unangenehme Fragen stellt und uns fertigmacht."

"Lass ihn kommen."

"Du wirst sehen."

Nur eine Woche nach dem Ereignis öffnete ich einen offiziellen Umschlag, nahm einen Scheck heraus, betrachtete ihn mit einem überlegenen Lächeln und überreichte ihn Clara mit den Fingerspitzen.

„Dreitausend Dollar!", rief Clara ohne Reue, „dreitausend Dollar – oh, George!"

Da war es – dreitausend Dollar, ohne jeden Zweifel. Clara sagte wie eine Frau nur:

„Na, hatte ich denn recht mit den Hochzeitsgeschenken?"

Mit dieser Bemerkung hatte ich nicht gerechnet.

Wir schlossen das Haus, fuhren am nächsten Tag in die Stadt und begannen die Runde beim Juwelier. In vier Tagen hatten wir vier Fünftel unseres Geldes ausgegeben – aber mit was für einem Ergebnis! Alles, was wir uns gewünscht, geplant, geträumt hatten, gehörte uns und alles harmonierte.

Als wir zwei Wochen später in unserem Stadthaus voller Entzücken über unser neu gefundenes Zuhause zogen und die Reinkarnation unseres Silbers betrachteten, wurde mir ein Telegramm in die Hand gedrückt.

"Was ist es?" sagte Clara aus dem Esszimmer, wo sie unser keusches Queen-Anne- Teeservice streichelte .

„Es ist ein Telegramm", sagte ich verwirrt.

„Dann mach es auf!"

Ich habe den Umschlag zerrissen, er war von der Versicherungsgesellschaft.

„Unsere Kriminalbeamte haben die Einbrecher festgenommen. Sie werden sich sicher freuen zu hören, dass wir Ihr gesamtes Silber sichergestellt haben!"

DIE ÜBERRASCHUNGEN DER LOTTERIE

I

Der Comte de Bonzag blickte auf der verfallenen Esplanade seines Château de Keragouil finster in die ferne Dämmerung aus Heuhaufen und Hecken und zerknüllte in seinen nervösen Händen zwei lästige Zettel. Der schroffe Körper hatte nicht ein Pfund mehr Fleisch, als unbedingt nötig war, um die langen, spitzen Knochen zusammenzuhalten. Das bronzefarbene, chaotische Gesicht wurde von einem steifen Kamm aus orange-gelbbraunem Haar dominiert, der die hagere Hässlichkeit von Generationen von Bonzags getreu wiedergab . Doch in der raschen Entwicklung der Nase und den abrupten, eigensinnigen Augen lauerte ein gewisser starrender Trotz, der den Kommentarbereich wirksam einschränkte.

In seinem Rücken spiegelte die zerrissene Silhouette zerlumpter Türme und bröckelnder Dächer vor dem sanften Himmel etwas von der windigen Kleidung seines Besitzers wider. Es war ein Gascogne-Schloss, arrogant und schäbig, das noch nie über eine Wunde geweint und auch nicht die Demütigung eines Pflasters erlitten hatte. Um ihn herum und durch ihn hindurch kreuzten sich Hunderte von Schwalben, seine natürlichen Erben, in ihrem schwankenden Flug.

Aus der Dunkelheit der grünen Weiden, die in die nahen Wälder übergingen, erklang plötzlich die Stimme einer Frau in einem sanften Lachen.

Der Comte de Bonzag saß kerzengerade da und nahm einen schwarzen Spaniel von seinem Schoß, der auf einen mütterlichen Hund stolperte, dessen erschrockener, empörter Schrei die Esplanade zum Beben brachte, von Hunden, die aus jeder Ecke huschten und sich in einem erwartungsvollen Kreis versammelten warteten mit hungrigen Zungen auf die Absichten ihres Herrn.

Der Graf, der aufmerksam zuhörte, bemerkte in der Nähe des Stalls sein gesamtes Personal, das glücklich auf dem Arm von Andoche, dem Sapeur - Pompier, dem Helden von einem Dutzend Bränden, lag.

„Nein, es gibt keine Diener mehr!" rief er mit einer Bitterkeit, die im Rudel Aufsehen erregte; dann schrie er wütend mit aller Kraft: „Francine! Hey, Francine! Komm sofort her!"

Die unbestreitbare Tatsache war, dass Francine um ihren Lohn gebeten hatte. Eine solche Forderung, die in ihrer einfachsten Form unfein war, wurde durch ein respektvolles, aber klares Ultimatum noch verschärft. Es ging darum, zu bezahlen oder zu kochen, und wenn das erste unmöglich war, war das zweite sowohl unmöglich als auch geschmacklos.

Der Feind traf pünktlich ein, mit Grübchen versehen und rundlich, eine ehrliche Fünfunddreißigjährige, eine solide Witwe, die oben auf der Treppe mit dem distanzierten Respekt stehen blieb, den der Comte de Bonzag sogar bei seinen Gläubigern einflößte.

„Francine, ich habe viel nachgedacht", sagte der Comte mit versöhnlichem Blick. „Sie haben etwas übertrieben, aber Sie hatten Recht."

„Ah, Monsieur le Comte, sechs Monate sind lang, wenn man ein Kind hat, das …"

„Wir werden uns nicht noch einmal auf unsere Meinungsverschiedenheit berufen", sagte der Comte und unterbrach sie streng. „Ich habe Sie lediglich angerufen, um zu erfahren, für welche Maßnahme ich mich entschieden habe."

„Oh ja, M'sieur ; danke, M'sieur le Comte."

„Unglücklicherweise", sagte Bonzag stirnrunzelnd, „bin ich gezwungen, ein großes Opfer zu bringen. In einem Monat hätte ich wahrscheinlich alles bezahlen können – ich habe einen Großonkel in Valle-Temple, der äußerst krank ist. Aber – wie auch immer, wir werden durchhalten." Ich schulde dir, meine gute Francine, für die Zukunft einen Lohn von sechzig Francs. Als Gegenleistung für deine Dienste werde ich dir sofort zwanzig Francs zahlen, oder vielmehr etwas, das noch viel wertvoller ist Summe." Er zog die beiden Zettel heraus und betrachtete sie voller Zuneigung und Bedauern. „Hier sind zwei Lose für die Große Lotterie von Frankreich, die diesen Monat gezogen werden, zehn Franken pro Los. Ich musste nach Chantreuil, um sie zu holen; Nummer 77.707 und Nummer 200.013. Nehmen Sie sie – sie gehören Ihnen."

„Aber, M'sieur le Comte", sagte Francine und blickte dumm auf die Tickets, die sie passiv erhalten hatte. „Es sind gute runde Silberstücke, die ich brauche."

„Francine", rief de Bonzag erstaunt und empört, „ist dir klar, dass ich dir wahrscheinlich ein Vermögen gegeben habe – und dass ich dich von jeder Teilung mit mir freispreche!"

„Aber, M'sieur –"

„Dass es einhundertfünfundvierzig Zahlen gibt, die Preise ziehen werden."

„Ja, M'sieur le Comte; aber –"

„Dass es einen Preis von einer Viertelmillion, einer Drittelmillion gibt –"

"Alles das selbe-"

„Der zweite Preis beträgt eine halbe Million und der erste Preis eine ganze Million Franc."

„ Das sagt M'sieur ?", sagte Francine und begann ihre Augen zu öffnen.

„Einhundertfünfundvierzig Chancen, und die niedrigste beträgt hundert Franc. Sie meinen, das ist kein Opfer, oder?"

„Nun, Monsieur le Comte", sagte Francine schließlich mit einem Seufzer, „ich nehme sie für zwanzig Francs. Das ist kein gutes rundes Silber, und da ist mein kleines Mädchen –"

„Genug!", rief de Bonzag und entließ sie mit einer wütenden Geste. „Ich mache dich zu einer Erbin, und du bist mir nicht dankbar! Verlass mich – und schick Andoche hierher."

Er sah zu, wie die stämmige Gestalt davonwatschelte, sich in seinen Stuhl zurücksenkte und mit tiefer Niedergeschlagenheit wiederholte; „Keine Dankbarkeit! So, es ist vollbracht: Diesmal habe ich sicherlich mindestens eine Viertelmillion weggeworfen!"

Plötzlich erschien Andoche, der Sapeur Pompier, den Messinghelm unter dem Arm, oben auf der Treppe, lächelnd und durstig, mit begehrlichen Augen auf den zerbrochenen Tisch gerichtet, an der Karaffe mit Curaçoa , die weiß und „Triple-Sec" war. "

„Ah, Sie sind es, Andoche", sagte der Comte schließlich, durch eine Reihe schneller Verbeugungen aus seiner Gedankenlosigkeit gerissen. Er seufzte zwei Mal aus vollem Herzen, schob die Karaffe leicht in Richtung des Sapeur -Pompier und fügte hinzu: „Setzen Sie sich, mein guter Andoche. Ich muss ein bisschen fröhlich sein. Angenommen, wir reden über Paris."

Für Andoche war das das Stichwort, sich dankbar auf einen Stuhl fallen zu lassen, die Karaffe in die Hand zu nehmen und sich zum Zuhören bereit zu machen.

II

Im richtigen Alter von einunddreißig Jahren erbte der Comte de Bonzag die enorme Summe von fünfzehntausend Francs von einem Onkel, der das Vermögen durch Handel gemacht hatte. Ohne größere Verzögerungen, als der große Kaiser brauchte, um eine Armee über die Alpen zu schleusen, marschierte er in Paris ein, entschlossen, alle Vorstöße Ludwig-Napoleons abzuwehren und den Glanz seines Namens und das Gewicht seines Vermögens allein zu leihen der Cercle Royale. Zwei Wochen, die diesem loyalen Ziel gewidmet waren, stärkten die Bourbon- Linien spürbar, führten jedoch zu einer Schrumpfung seiner eigenen um viertausend Francs. Als nächstes erinnerte er sich daran, dass die Aristokratie immer der Förderer der Künste gewesen war, und beschloss, die *Kulissen* der Oper und die Bereiche des Balletts rasch zu untersuchen . Eine sechstägige Erkundung ergab nicht die geringsten Anzeichen von Unzufriedenheit; Doch die Gründlichkeit seiner Nachforschungen war so groß, dass er nach Abschluss seiner Mission nur tausend Francs in der Tasche hatte. Da er nicht nur ein Loyalist und Förderer der Künste, sondern auch ein Staatsmann und Philosoph war, richtete er seine Bemühungen auf das Quartier Latin, auf die großen Geister, die eines Tages die Führung eines aufgeklärteren Frankreich übernehmen würden. Dort machte er die Entdeckung, dass man sich mehr vergnügte als im Cercle Royale und deutlich weniger ausgab als für die Künste, und dass er mit hundert Francs pro Woche eine Begeisterung für die Bourbonen entfachte , die fast die Ausmaße eines Aufstands erreichte.

Nach Ablauf der drei Monate zog er sich auf sein Anwesen in Keragouil zurück , nachdem er alle Gesellschaftsschichten zutiefst bewegt und der Sache Seiner Majestät neues Leben eingehaucht hatte. Als wahrer Gentleman bedauerte er lediglich die furchtbare Verwüstung, die er in den Herzen der Damen hinterlassen hatte.

Unglücklicherweise hatten ihn diese glänzenden Verdienste um die Pariser Gesellschaft und seinen König ohne eigene Gesellschaft zurückgelassen und er stand vor der schwierigen Frage, wie er mit nichts im Jahr seine Pfeife brennen, seinen Keller füllen und sein Mädchen für alles in hoffnungsvoller Erwartung halten konnte.

Ohne sich entmutigen zu lassen, ging er das Problem des Familienbankrotts mit der Kraft und Kühnheit eines d'Artagnan an. Jedes Jahr sammelte er mühsam zwanzig Francs und investierte sie in zwei Lose für die Große Lotterie, mutig entschlossen, wie ein Gascogner sowohl den ersten als auch den zweiten Preis zu gewinnen, aber wie ein Philosoph zufrieden, wenn er unter den Ehrennennungen sein konnte. Obwohl jedes Jahr 145 Preise ausgeschrieben waren, hatte er bei neunzehn Versuchen nicht einmal das Vergnügen gehabt, seinen Namen gedruckt zu sehen. Dieses Ergebnis entmutigte ihn keineswegs, sondern bestärkte sein Selbstvertrauen nur. Denn er hatte sich in die Mathematik vertieft und sich mit dem Gedanken getröstet, dass er nach dem Gesetz der Wahrscheinlichkeit jedes Jahr unwiderstehlicher wurde.

In letzter Zeit war jedoch ein Hindernis für die erfolgreiche Umsetzung dieses Finanzsystems aufgetreten. Er beschäftigte eine Dienerin, ein Mädchen für alles, die für den Tag angestellt war und die Erlaubnis hatte, aus dem Garten zu nehmen, was sie brauchte, sich mit Rosensträuchern zu schmücken, an den Erträgen der Kuh La Belle Etoile teilzuhaben und ein Gehalt von zehn Francs pro Monat zu erhalten. Die Schwierigkeit ergab sich ausnahmslos aus der Auslegung dieser letzten Klausel. Denn der Graf zahlte seine Rechnungen nicht regelmäßig, es sei denn, man konnte sagen, er zahlte regelmäßig überhaupt nicht.

So kam es immer wieder vor, dass das Mädchen für alles aus einem Zustand der Unruhe allmählich in offene Rebellion überging, besonders wenn der Garten nichts brachte und die Rosen aufhörten zu blühen. Als das Ultimatum gestellt wurde, konsultierte der Graf seine Mittel und fand heraus, dass sie ausnahmslos aus zwei Losen der französischen Lotterie bestanden, die einen Barwert von zwanzig Francs hatten, aber nach den Gesetzen der Wahrscheinlichkeit mit zunehmender Wahrscheinlichkeit eine Million fünfhunderttausend Francs einbringen konnten. Auf der einen Seite stand der Ruhm des alten Namens und die Möglichkeit eines weiteren Überfalls auf Paris; auf der anderen Seite stand die brutale Frage nach Suppe und Ragout. Der Mann setzte sich durch und das Mädchen für alles akzeptierte widerwillig die Bedingungen des Waffenstillstands. Dann traf die Nachricht von der Ziehung ein und das Hauspersonal reiste ab.

Diese jährlich wiederholte Komödie wurde jedes Jahr nach den gleichen Grundsätzen gespielt. Nur die Zeit zwischen der Abgabe der Lose und der Ankündigung der Lotterie brachte jedes Jahr eine zunehmende Qual mit sich. Jedes Mal, wenn der Comte sah, wie die kostbaren Zettel schließlich in die Hände der Dienstmagd übergingen, war er überzeugt, dass die Gesetze der Wahrscheinlichkeit endlich Früchte tragen mussten. Jedes Jahr fand er eine neue Bedeutung in den kabbalistischen Mysterien der Zahlen. Der achtzehnte Versuch, multipliziert mit drei, ergab vierundfünfzig, sein Alter. Der Erfolg war unvermeidlich: Neunzehn, eine vor allen anderen unteilbare und keusche Zahl, schien speziell bestimmt zu sein. Mit einem Wort, der Comte litt in diesen Zeiten, wie nur ein Spieler der vierten Generation leiden kann.

Gegenwärtig schien ihm die Zahl Zwanzig Eigenschaften zu haben, die keine andere Zahl besessen hatte, insbesondere durch das Wiederauftauchen der Null, einer Zahl, die ihn durch ihre Symmetrie besonders anzog. Seine Verzweiflung war daher grenzenlos.

Normalerweise kam die Nachricht von der Lotterie von einem Straßeninspektor, der etwa eine Woche nach der Ankündigung in der Presse durch Keragouil reiste; denn der Comte, der sein Ticket abgegeben hatte, war nur beunruhigt, weil er befürchtete, gewonnen zu haben.

Diesmal brachte ihm ein Engländer, der mit dem Fahrrad unterwegs war, zum Missfallen aller Geschichte eine Zeitung, einen Artikel, der in Keragouil fast unbekannt war, wohin das Kreischen der Lokomotive noch nicht dringen konnte.

Der Comte de Bonzag , der die Zeitung mit der gewohnten Verzweiflung seines Herzens öffnete, erschrak über die Schlagzeilen:

ERGEBNISSE DER LOTTERIE

Ein Blick auf die Gewinner des ersten und zweiten Preises beruhigte ihn. Er atmete zufrieden auf und sagte dankbar: „Ach, was für ein Glück! Gott sei Dank! Das werde ich nie wieder tun!“

Dann erinnerte er sich aus reiner Neugier an die 143 mittelmäßigen Preise auf der Liste und widmete sich wieder der Lektüre. Plötzlich verschwamm der Druck vor seinen Augen, und die große Esplanade schien sich zu erheben. Nummer 77.707 hatte den vierten Preis von 100.000 Franc gewonnen, Nummer 200.013 einen Preis von 10.000 Franc.

Drittes Kapitel

Die Ergriffenheit, die Napoleon in Waterloo überkam, als er sah, wie seine triumphierenden Schwadronen in die Hohlstraße hinabfuhren, war nicht im Geringsten größer als die Verzweiflung des Grafen von Bonzag, als ihm klar wurde, dass die einhundertzehntausend Francs, die die Gesetze der Wahrscheinlichkeit letztlich ergeben hatten, nun Eigentum von Francine, der Köchin, waren.

Einhundertzehntausend Franken! Es war kolossal! Fünf Generationen von Bonzags hatten noch nie so viel berührt. Einhundertzehntausend Francs bedeuteten die Wiederherstellung des alten Namens, die Restaurierung des Château de Keragouil , ein halbes Jahr in Paris, im Cercle Royale, in den Regionen der Kunst und unter den großen Köpfen, die noch jung waren Quartier – und das alles befand sich im Besitz eines beleibten Gascogne-Bauern, dessen Vorstellungen von Komfort und Vergnügen mit einhundertzwanzig Francs im Jahr befriedigt wurden.

"Was soll ich tun?" schrie er und erhob sich in einem Wutausbruch. Dann setzte er sich verzweifelt hin. Es gab nichts zu tun. Es war offensichtlich, dass Francine eine Erbin war, die über das größte Vermögen seit Keragoils Geschichte verfügte . Es gab nichts zu tun, oder besser gesagt, es war offensichtlich nur ein Weg offen, und der Comte beschloss sofort, ihn zu nehmen. Er musste die Lottoscheine zurückhaben, obwohl es sich um eine Comtesse de Bonzag handelte .

Glücklicherweise wusste Francine nichts von der Ankunft der Zeitung. Obwohl Eile geboten war, blieb noch Zeit für einen Landsmann D'Artagnans. Natürlich war da noch Andoche, der Sapeur -Pompier; aber ein Bonzag , der drei Monate Erfahrung mit dem weiblichen Herzen von Paris hatte, war nicht der Mann, sich um einen Sapeur -Pompier zu kümmern. Als Francine an diesem Abend im düsteren Speisezimmer mit der dampfenden Suppe ankam, stürzte sich der Graf, der mit einem Löffel in der Faust und einer Serviette um den Hals gewartet hatte, tapfer auf die Sache.

„Ah, was für ein toller Geruch!", sagte er und hob die Nase. „Francine, du bist die Königin der Köche."

„Oh, M'sieur le Comte", stammelte Francine und hielt erstaunt inne. „Oh, M'sieur le Comte, danke."

„Danken Sie mir nicht; ich bin es, der dankbar ist."

„Oh, M'sieur !"

„Ja, ja, ja! Francine –"

„Was ist los, M'sieur le Comte?"

„Heute Abend können Sie eine andere Deckung aufstellen – mir gegenüber."

„Eine andere Deckung festlegen?"

"Genau."

Francine war immer erstaunt und stellte einen Teller, ein Messer und eine Gabel auf den Tisch.

„ Herr Pfarrer kommt?", sagte sie und zog einen Stuhl heran .

„Nein, Francine."

„Nicht Herr Pfarrer ? Wer dann?"

„Es ist für dich, Francine. Setz dich."

„Ich? Ich, M'sieur le Comte?"

„Setz dich. Ich wünsche es."

Francine trat drei Schritte zurück, blieb dann stehen und starrte ihren Herrn mit einer Mischung aus Erstaunen und Misstrauen an, um ihm den Abgang zu ermöglichen.

„Meine liebe Francine", fuhr der Graf fort, „ich habe es satt, allein zu essen. Es ist schlecht für die Verdauung. Und ich langweile mich. Ich brauche Gesellschaft. Also setzen Sie sich."

„ M'sieur befiehlt es?"

„Ich bitte darum um einen Gefallen, Francine."

Francine kam mit offenen Augen zweifelnd näher und setzte sich hübsch auf den Stuhl, eher erstaunt als gelobt und eher beunruhigt als erfreut.

„Ah, das ist schöner!" sagte der Comte mit einem zustimmenden Nicken. „Wie habe ich das all die Jahre ertragen! Francine, du darfst dir den Wein gönnen."

Die erstaunte Magd, die mit großem Unbehagen einen Löffel Suppe verschluckt hatte, sprang zitternd auf und stammelte mit trotziger Tugend:

„ M'sieur le Comte vergisst nicht, dass ich eine ehrliche Frau bin!"

„Nein, meine liebe Francine, da bin ich mir sicher. Setzen Sie sich also in Ruhe hin. Ich werde Ihnen die Situation erzählen."

Francine zögerte, dann ließ sie sich wieder auf ihrem Stuhl nieder, beruhigt durch die Hingabe, die er seiner Suppe entgegenbrachte.

„Francine, ich habe mich zu einer Sache entschlossen", sagte der Comte und füllte sein Glas mit solcher Energie, dass ein roter Kreis auf dem Tuch erschien. „Dieses Leben, das ich führe, ist völlig falsch. Ein Mann ist ein geselliges Wesen. Er braucht die Gesellschaft. Isolation schickt ihn zurück zum Rohling."

„Oh ja, M'sieur le Comte", sagte Francine, die nichts verstand.

„ Deshalb bin ich entschlossen zu heiraten."

„ M'sieur wird heiraten!" rief Francine, die vor Schreck die Hälfte ihrer Suppe verschüttete.

„Perfekt. Aus diesem Grund habe ich dich gebeten, mir Gesellschaft zu leisten."

„ M'sieur – Sie – M'sieur will mich heiraten!"

" Parbleu !"

„ M'sieur – M'sieur will mich heiraten!"

„Ich bitte dich offiziell, meine Frau zu werden."

"ICH?"

„ Möchte M'sieur – möchte ich, dass ich Gräfin von Bonzag werde ?"

"Sofort."

"Oh!"

Francine sprang auf, starrte ihn einen Moment lang voller Angst an und verschwand dann mit einem Schrei schwerfällig durch die Tür.

„Sie ist zu Andoche gegangen", sagte der Graf wütend zu sich selbst. „Sie liebt ihn!"

Er verließ völlig beunruhigt das Zimmer, spazierte inmitten seiner Hunde die Esplanade entlang und führte dabei unruhige Selbstgespräche.

„ *Pest*, ich habe es ihr ein wenig zu plötzlich gesagt! Es war ein Fehler. Wenn sie diesen Sapeur -Pompier liebt, was? Ein Sapeur -Pompier, der es mit einem Comte de Bonzag aufnehmen kann – pfui !"

Plötzlich sah er unten im Mondlicht, wie Andoche sich aus Francines Umarmung losriss und, ohne gesehen zu werden, nervös ins Esszimmer zurückkehrte.

Kurz darauf kam das Mädchen für alles zurück, ruhig, aber mit verräterischen Augen.

„Na, Francine, habe ich Sie erschreckt?", sagte der Graf freundlich.

„Oh ja, M'sieur le Comte –"

„Also, was möchtest du sagen?"

„ M'sieur meinte es wirklich ernst?"

„Niemals mehr."

„ Möchte M'sieur mich wirklich zur Comtesse de Bonzag machen ?"

„ *Dame!* Ich sage Ihnen, meine Absichten sind ehrenhaft."

„ Darf ich ihm, M'sieur, eine Frage stellen?"

„Sogar ein Dutzend."

„ M'sieur erinnert sich, dass ich eine Witwe bin –"

„Mit einem Kind, ja."

„ M'sieur , verzeihen Sie, ich habe viel nachgedacht, und ich habe an mein kleines Mädchen gedacht. Was würde M'sieur von mir erwarten?"

Der Comte überlegte und sagte großzügig: „Ich adoptiere sie nicht; aber wenn Sie möchten, soll sie hier leben."

„Dann, M'sieur ", sagte Francine und fiel auf die Knie, „ich danke M'sieur sehr. M'sieur ist zu freundlich, zu gut –"

„Dann ist es also entschieden", sagte der Comte und erhob sich freudig.

„Oh ja, M'sieur ."

„Dann gehen wir morgen", sagte der Graf. „Das ist meine Art; ich erledige die Dinge gern sofort. Stehen Sie auf, ich bitte Sie, Madame."

„Morgen, M'sieur ?"

„Ja, Madame. Haben Sie Einwände?"

„O nein, M'sieur le Comte, im Gegenteil", sagte Francine und errötete vor Freude über das zweimal wiederholte „Madame". Dann fügte sie vorsichtig hinzu: „ M'sieur hat ganz recht, es wäre besser. Die Leute reden so."

IV

Die Rückkehr des Ehepaares war die Sensation von Keragouil , denn der Comte de Bonzag hatte nach der Art seiner Vorfahren seine Braut hinter sich auf den breiten Rücken von Quatre Diables gesetzt , der mit unverändertem Gleichmut vorging. Unterwegs begrüßten die Bauern, die den Comte in treuer Angst hielten, die Prozession mit respektvollem Schweigen und versammelten sich erst auf der Straße, um zu starren und zu plaudern, als die liebenswürdigen Quatre Diables in der Ferne verschwunden waren.

Der Graf ignorierte den Tumult, den er verursachte, und ging geradewegs auf den Hof zu, wo Quatre Diables , als er den Fußblock erkannte, den Kopf senkte und begann, im Gras zu grasen. Die neue Gräfin, ermüdet von der neuen Position, begann dankbar, auf dem natürlichsten Weg abzusteigen, das heißt, indem sie leicht über den Hinterleib des gutmütigen Quatre Diables glitt . Aber der Graf, der den Tumult hinter sich spürte, hielt sie mit einem Wort auf, warf sein linkes Bein über den Hals seines Schlachtrosses und stieg anmutig zum Block hinab, wo er sich tief verbeugte und in galantem Stil sagte:

„Madam, erlauben Sie mir, Ihnen meine Hand zu reichen.“

Die Comtesse hatte trotz der besten Absichten der Welt erhebliche Schwierigkeiten, die Bewegung auszuführen, mit der ihr Mann sich befreit hatte. Glücklicherweise empfing der Comte sie, ohne nachzugeben, nahm ihre Hand unter seinen Arm und begleitete sie feierlich in das Schloss, während Quatre Diables , von der ungewöhnlichen Last befreit, dankbar zu Boden rollte und sich den Rücken am Kopfsteinpflaster kratzte.

„Madame, seien Sie so freundlich, Ihr Haus zu betreten.“

Mit geübter Eleganz setzte der Comte seinen Hut an die Brust und verneigte sich, während er die Tür aufhielt.

„Oh, M'sieur le Comte; nach Ihnen“, sagte Francine verwirrt.

„Gehen Sie vorbei, Madame, und betreten Sie das Esszimmer. Wir müssen bestimmte Zeremonien einhalten.“

Francine ging brav weiter, behielt aber die Bewegungen ihres Gefährten im Auge. Als er das Esszimmer betrat und zum Büfett ging, machte sie die gleiche Anzahl Schritte in dieselbe Richtung. Als er eine Flasche und Gläser hervorholte, sich umdrehte und auf sie zukam, wich sie zurück. Als er stehen blieb, blieb sie stehen und setzte sich mit derselben Bewegung wieder hin.

„Madame, ich biete Ihnen ein Glas des berühmten Burgunders von Keragouil an ", begann der Comte und füllte ihr Glas. „Es ist ein Wein, den wir De Bonzags immer zur Begrüßung unserer Frauen und unserer Kinder getrunken haben . Madame, ich habe die Ehre, auf die Comtesse de Bonzag anzustoßen ."

„Oh, M'sieur le Comte", sagte Francine, die sein Benehmen beobachtete und den Kelch in einem Zug leerte.

„Auf das Wohl meiner Vorfahren!", fuhr der Graf fort und leerte die Flasche in die beiden Kelche. „Und jetzt wirf dein Glas auf den Boden!"

„Ja, M'sieur ", sagte Francine, die mit dem neuen Instinkt einer Hausfrau bedauernd gehorchte.

„Nun, Madame, als Ehefrau und Herrin von Keragouil halte ich es für gut, wenn Sie Ihre Position und meine Erwartungen verstehen", sagte der Graf, winkte sie zu einem Sitz und nahm in herrschaftlicher Manier einen Sessel ein. „Ich erwarte, dass Sie bereitwillig lernen, was ich Ihnen beibringen werde, damit Sie der edlen Position, die Sie innehaben, würdig werden."

„Oh, M'sieur, Sie können sicher sein, dass ich mein Bestes geben werde", sagte Francine völlig überwältigt.

„Ich erwarte von Ihnen, dass Sie mir die Ehrerbietung und den Gehorsam entgegenbringen, die ich als Oberhaupt des Hauses Bonzag verlange ."

„Oh, M'sieur le Comte, wie konnten Sie denken –"

„Um sparsam und liebenswürdig zu sein."

„Ja, in der Tat, M'sieur ."

„Zuzuhören, wenn ich spreche, zu vergessen, dass Sie ein Bauer waren, mir drei Desserts pro Woche zu geben und mir niemals die geringste Untreue zu zeigen, Madame."

Bei diesen letzten Worten brach Francine, bereits überwältigt vom rasanten Wirbel des Glücks und von den überladenen Geistern des mächtigen Burgunds, in Tränen aus.

„Und keine Tränen!" sagte De Bonzag und zog sich streng zurück.

„Nein, M'sieur , nein", rief Francine und trocknete hastig ihre Augen. Dann fiel sie auf die Knie und brachte es fertig zu sagen: „Oh, M'sieur – Verzeihung, Verzeihung."

"Wie meinst du das?" schrie der Comte wütend.

„Oh, M'sieur, verzeihen Sie mir – ich werde Ihnen alles erzählen!"

„Madame – Madame, ich verstehe nicht", sagte der Comte und beherrschte sich nur mit Mühe. „Fahren Sie fort; ich höre zu."

„Oh, M'sieur le Comte, ich werde Ihnen alles erzählen. Ich schwöre es beim Bild von St. Jacques d'Acquin ."

„Sie haben mich nicht wegen Ihres Kindes angelogen?" rief Bonzag entsetzt.

„Nein, nein, M'sieur , das nicht", sagte Francine. Dann verbarg sie ihr Gesicht und sagte: „ M'sieur , ich habe Ihnen etwas verheimlicht: Ich habe Andoche geliebt."

"Ah!" sagte der Comte mit einem Seufzer der Erleichterung. Er setzte sich und fügte mitfühlend hinzu: „Meine arme Francine, ich weiß es. Ach! So ist das Leben."

„Oh, M'sieur , es ist alles vorbei, das schwöre ich!", rief Francine protestierend. „Aber ich liebte ihn sehr, und er liebte mich – oh, wie er mich liebte, M'sieur le Comte! Verzeihen Sie, M'sieur , aber damals dachte ich nicht daran, eine Gräfin zu werden, M'sieur le Comte. Und als M'sieur mit mir sprach, wusste ich nicht, was ich tun sollte. Mein ganzes Herz gehörte Andoche, aber – nun, M'sieur , die Wahrheit ist, ich begann an mein kleines Mädchen zu denken, und ich sagte mir, ich muss an sie denken, denn, M'sieur , ich dachte an die Stellung, die es ihr verschaffen würde, wenn ich eine Gräfin wäre. Was für ein Schritt in der Welt, nicht wahr? Und ich sagte, Sie müssen es für sie tun! Also ging ich zu Andoche und erzählte ihm alles – ja, alles, M'sieur –, dass mein Herz ihm gehörte, aber dass ich ihr gegenüber verpflichtet war. Und Andoche, ach, was für ein gutes Herz, M'sieur – er verstand – wir weinten gemeinsam." Sie würgte einen Moment und legte hastig ihr Taschentuch vor die Augen. „Verzeihen Sie, M'sieur . Und er sagte, es sei richtig, und ich küsste ihn – ich verheimliche nichts, M'sieur wird mir das verzeihen – und er ging weg!" Sie trat einen Schritt auf ihn zu, drehte ihr Taschentuch und fügte in einer schüchternen Bitte hinzu: „ M'sieur versteht, warum ich ihm das sage? M'sieur wird mir glauben. Ich habe das alles abgeschafft. Es ist nicht mehr in meinem Herzen. Ich schwöre es beim Bild des heiligen Jacques d'Acquin ."

„Madame, ich wusste es schon vorher", sagte der Comte und erhob sich; „Trotzdem danke ich dir."

„Oh, M'sieur , ich habe alles weggeräumt – ich schwöre es!"

„Ich glaube Ihnen", unterbrach der Comte, „und jetzt nichts mehr! Ich werde auch ehrlich zu Ihnen sein." Er ging lächelnd in eine Ecke, wo die kleine, mit Seilen umwickelte Kiste stand, in der sich die Aussteuer der Comtesse de Bonzag befand . „Öffne das und gib mir die Lottoscheine, die ich dir gegeben habe."

„Hanh? Du – sagt M'sieur ?“

„Die Lottoscheine –“

„Oh, M'sieur , aber sie sind nicht da –“

„Wo sind sie dann?“

„Oh, M'sieur , warten Sie, ich werde es Ihnen sagen “, sagte Francine schlicht.
„Als Andoche losging –“

"Was!" schrie der Comte wie eine Kanone.

„Er war so kaputt, M'sieur , ich hatte solche Angst um ihn, also habe ich ihm
nur um ihn zu trösten, M'sieur – um ihm etwas zu geben – die Tickets
gegeben.“

„Du hast ihm – die Lose gegeben! Die Lottoscheine!“

„Nur um ihn zu trösten – ja, M'sieur .“

Die hagere Gestalt des Comte de Bonzag wankte und brach dann zusammen, als ob der Körper plötzlich seine Kleidung verloren hätte, zu einem Haufen auf dem Boden zusammen.

DAS ENDE